¡Napoleón Hill en las Noticias!

Por Napoleón Hill

Prólogo y Compilación de
Judith Williamson

Publicación Oficial de la
Fundación Napoleón Hill

¡Napoleón Hill en las Noticias!

Published and Distributed by
SOUND WISDOM
PO Box 310
Shippensburg, PA 17257-0310
717-530-2122
info@soundwisdom.com
www.soundwisdom.com

Jacket design by
Text design by

ISBN 13: 978-1-64095-256-0
ISBN 13 eBook: 978-1-64095-257-7

For Worldwide Distribution, Printed in the U.S.A.
1 2 3 4 5 6 / 26 25 24 23 22

Índice

NAPOLEON HILL

THE MAN AND HIS MESSAGE

From the Editors of
SUCCESS MAGAZINE

Prólogo

Napoleón Hill en las Noticias! Es una publicación de obras no compiladas anteriormente, que se publicaron a lo largo de la vida del Dr. Hill en periódicos y revistas de edición especial. Estos artículos publicados por reporteros y el Dr. Hill nos proporcionan una idea de la popularidad del autor y de su atractivo estilo como escritor y orador motivacional.

Me parece que un verdadero tesoro se puede hallar en la Serie de la Ciencia del Éxito, que incluye los 35 artículos del Herald de Miami y 18 profundos ensayos adicionales que detallan los principios del éxito, un concepto a la vez.

Como estudiante, instructora y directora del Centro Mundial de Enseñanza Napoleón Hill, que difunde la filosofía del éxito del Dr. Hill, siempre albergo el deseo de encontrar escritos adicionales que él Dr. haya escrito. Al leer estas columnas periodísticas, el Dr. Hill utiliza los mismos conceptos pero con diferentes ilustraciones para transmitir al lector sus conceptos y hacerlos comprensibles a cualquier persona.

Para todos aquellos que han disfrutado las obras del Dr. Hill, estos nuevos artículos nunca antes compilados, nos muestran el efecto de su influencia en todo el mundo, en todas las culturas y en diferentes entidades religiosas y seculares. Como gran autor realmente trasciende más allá de las fronteras para divulgar su voz sobre la manera de lograr el éxito personal.

Le sugiero inicie la lectura de estas joyas de artículos como introducción a las grandes obras del Dr. Hill. A continuación, considere ir un poco más profundo y adéntrese en la lectura de una o más de sus obras clásicas, como *Piense y Hágase Rico*, *La Ley del Éxito*, o *Cómo Vender su Paso por la Vida*. Y simultáneamente, comience a poner en práctica lo que el Dr. Hill discute en cada artículo.

El objetivo aquí no es "quedarse conforme" con respecto a lo que el Dr. Hill escribe, sino a "poner en práctica" ese guión de la vida de Hill y aplicarla en su propia vida personal para su éxito final.

Al principio, trabaje con una o dos de las ideas que más le gusten, y luego, conforme vaya viendo los resultados concretos, incorpore otras enseñanzas adicionales del Dr. Hill y comience a construir de este modo una base formidable para lograr el éxito en su propia vida. A medida que atestigüe este cambio de vida, le garantizo que se olvidará con entusiasmo de ese viejo hombre que usted solía ser para darle paso a una "nueva persona" que desafiará al mundo.

Ya sea como introducción o como un curso de actualización de la filosofía del Dr. Hill, este libro le servirá igual de bien para ambos propósitos. Los ensayos cortos son atractivos, de fácil lectura para reafirmar conceptos, e incluyen dichos e ideas que pueden servir como afirmaciones, detonadores de pensamientos, o motivadores a la acción.

Indudablemente, disfruté al máximo este proceso de compilar el material y la elaboración del libro, debido a la relevancia y viabilidad de las ideas del Dr. Hill para ser llevadas a la práctica exitosamente. Él mismo reconocía el carácter intemporal de sus obras cuando hablaba del beneficio que ellas traerían "para las futuras generaciones aún por nacer."

Recomiendo de todo corazón este libro como lectura obligatoria si es usted un estudiante serio y practicante de la Filosofía del Éxito del Dr. Hill.

Procure siempre ser el Mejor,

Judy Williamson

Parte I

Obras no Compiladas

"La fórmula parece ser simple... parece ser básica. Sin embargo, representa el esfuerzo sublime de toda una vida".

El Hombre Que Enseñó A Millones Cómo Lograr El Éxito *por John Johnson*

Sería raro encontrar hoy en día a una persona que no supiera de Napoleón Hill y de su Ley del Éxito. Millones de lectores de todo el mundo han leído y se han beneficiado de sus enseñanzas. Pocos, sin embargo, están enterados del tremendo éxito personal del autor de esta obra... que al aplicar su propia filosofía logró saltar al reconocimiento internacional a partir de ser un completo desconocido. En este articulo, "El Hombre Que Enseñó A Millones Cómo Lograr el Éxito", se cuenta la fabulosa historia de su vida y se revela la forma en que la fórmula que él creó ¡le puede traer el éxito también a usted!

Todos los estadounidenses se inspiraron y motivaron al oír, en 1933, la resonante voz de Franklin Delano Roosevelt al anunciar: "No tenemos nada que temer más que al miedo mismo." Al escucharlo, hombres de todas partes se sintieron electrizados por esta declaración que puso un alto al pánico que había hecho añicos nuestra economía y había sacudido los cimientos de nuestro gobierno.

Mientras el Presidente pronunciaba estas palabras, otro hombre escuchaba con tranquila satisfacción. Este hombre estaba acostumbrado a motivar con palabras e ideas a muchas personas en todos los ámbitos de la vida. Este tipo de enunciados constituía parte de su hábito de vida. El hecho que el Presidente de los Estados Unidos tuviera a bien utilizar una de las ideas de este hombre, aprovechando su capacidad como consejero confidencial, fue otro hito en su larga y fructífera carrera dedicada a transmitir al mundo una filosofía que los hombres pudieran utilizar para mejorar su situación.

Este hombre que se mantenía anónimamente en las sombras era ni más ni menos que Napoleón Hill. Como autor de la obra *Piense y Hágase Rico*, y otros éxitos de ventas, indudablemente que es un escritor de éxito. Todos aquellos que realmente entienden el mensaje que intenta transmitir lo reconocen como mucho más que un autor. Sus escritos son solo uno de los instrumentos que ha utilizado para contar a sus millones de lectores la verdad acerca de sí mismos y de esos poderes que rara vez se dan cuenta que poseen.

¿Cuáles son esos poderes? En pocas palabras, son aquellos vastos yacimientos inexplorados de la capacidad y de la inteligencia humana. Hill se distingue por haber dedicado su vida a la creación de una fórmula que libera esos poderes con toda su fuerza... y enseña a la gente cómo aplicar estos hallazgos en su vida cotidiana.

A sus 65 años de edad, la voz de Napoleón Hill se ha escuchado en todos los rincones del mundo... y sus efectos han sido de una potencia extraordinaria. Millones de lectores en 20 países extranjeros han leído sus libros. Incluso en la lejana India se han conmovido con sus obras. Motivado por la influencia de Mahatma Gandhi, un editor en Bombay, India, publica y distribuye en el país todos los libros de éxito de Hill. En Brasil, sus libros han sido traducidos y publicados en el idioma portugués. Y una edición especial de su libro más popular, *Piense y Hágase Rico*, fue publicado en Sydney, Australia, distribuyéndose en todo el Imperio Británico. Aunque este libro fue publicado por primera vez en Estados Unidos en 1937, sigue siendo un "best-seller" en todo el país, y un gran número de copias de este ejemplar los han adquirido empresarios para regalarlos a sus empleados.

Napoleón Hill comenzó su búsqueda de la fórmula del éxito muy temprano en su vida. Cuando la encontró, no dudó en compartir sus conocimientos con sus millones de lectores que de otra manera seguirían envueltos en la oscuridad de no saber, ni conocerse a sí mismos.

Su motivación de salir adelante se puede encontrar en la historia casi increíble de su vida. Siendo hijo de un pobre montañero de Virginia, parecía predestinado a pasar su vida hundido en una ignorancia insalvable. "El trafico de alcohol, su producción clandestina, el analfabetismo y las disputas familiares a muerte eran los principales asuntos de nuestra comunidad", comenta el escritor esbozando una sonrisa, "y la vivienda habitual era una choza de tablas de madera a punto de desmoronarse o una cabaña con piso de tierra."

La familia Hill vivía en una casa acorde a esta última descripción. Cuando murió su madre, el joven Napoleón, así bautizado en honor de un rico tío abuelo paterno, era aún un niño. El golpe dejó su marca. Quizás para ocultar esa cicatriz, se distinguió por ser el chico más rudo en el condado de Wise. Se enorgullecía de ser así - hasta que su padre presentó el niño de nueve años de edad, con su futura madrastra.

La nueva señora Hill trajo una nueva perspectiva en el hogar. Al no estar habituada a ese medio, se horrorizó por lo que encontró, y decidió cambiar ese entorno. Napoleón, que pudo haber sido su mayor problema, representó su más grande victoria.

"Me presentaron con ella como el chico más malo de la comunidad", recuerda el famoso escritor. "Pero bastó con que mi madrastra me observara para decir de mi: 'No es el chico más malo. Es sólo un niño que no ha aprendido a dirigir su astucia para fines constructivos."

En cierto sentido, estas palabras se convirtieron en la piedra angular de la filosofía que estaba destinado a desarrollar en las siguientes décadas. La señora Hill se convirtió en una luz de guía. Usando su dote, envió a su marido a la escuela y no descansó hasta que éste llegó a ser un exitoso dentista. Napoleón y su hermano menor fueron rescatados por la determinación de ella para que recibieran la oportunidad de salir adelante. A la edad de 12 el futuro inspirador de millones de gentes concluyó la escuela primaria, a los 14 años fue reportero de medio tiempo en 15 periódicos, y a los 15, después de terminar la secundaria, entró en una escuela de negocios en Tazewell, Virginia. A medida que sus horizontes se expandieron, su odio por la ignorancia creció y aumentó su determinación de avanzar.

Cuando concluyó sus estudios, consiguió trabajo con un abogado. Con la inexperiencia de sus 16 años de edad, sorprendía por su audacia y previsión para conducirse. Llegó a la conclusión de que su primer trabajo debía ser un trampolín, y que un buen comienzo era fundamental y más importante que el propio dinero en esas instancias. En consecuencia, le escribió una carta a Rufus A. Ayres, un ex fiscal general de Virginia y uno de los más famosos abogados del estado. La carta, en esencia, decía lo siguiente:

Acabo de terminar un curso de negocios y estoy bien calificado para servir como su secretario, cargo al que me gustaría aplicar. Como no tengo experiencia, sé que trabajar para usted al principio será de más valor para mí que para usted. Debido a esto, estoy dispuesto a pagar por el privilegio de que me permita prestarle mis servicios. Puede cobrar cualquier cantidad que considere justa, a condición de que al final de tres meses, esa cantidad sea mi salario. La suma que deba pagar se puede deducir de lo que me pague cuando empiece a generar ingresos.

"El General Ayres", recuerda Hill, "estaba tan impresionado con mi carta que me contrató." Al final del primer mes, el famoso abogado comenzó a pagarle un salario normal, y en poco tiempo el joven era uno de sus principales hombres de confianza.

El trabajo legal le agradó tanto a Hill que, luego de un tiempo, consideró cursar esa carrera. Cuando tenía 18 años, decidió matricularse en la Facultad de Derecho de la Universidad de Georgetown, en Washington, DC, con el fin de calificar para esa profesión. Hacerlo requería de un enorme valor. No tenía dinero para financiar su educación. Sin embargo, tenía un plan. Desde que había hecho dinero escribiendo para los periódicos, sintió que podría desempeñar de nuevo esa actividad. Pero esta vez quería especializarse en escribir historias biográficas sobre personas de éxito... el tipo de historias que muchas revistas de la época publicaban.

Hill Conoce A Personas Exitosas

Como primer paso, se acercó el senador Bob Taylor de Tennessee. Además de ser senador, Taylor era editor de un importante periódico de ese tiempo. El joven Hill aspiraba a un ingreso seguro por su trabajo. Taylor, intrigado por la seguridad que mostraba este joven, le ofreció recomendarlo con personas prominentes a quienes podría entrevistar y tratar buenos temas para futuros artículos. Una vez concluida la entrevista con el senador, la lista de Hill incluía a Thomas A. Edison; a John Wanamaker, el Príncipe del Comercio; a Edward Bok, editor de la publicación "Ladies Home Journal"; a Ciro H.K. Curtis, editor del Saturday Evening Post; al inventor del teléfono, Dr. Alexander Graham Bell; y Andrew Carnegie, el gran magnate del acero.

Deslumbrado por las perspectivas de sus nuevas relaciones, Hill decidió dejar de lado sus estudios jurídicos y se enfocó totalmente al periodismo. El punto decisivo en su vida se produjo durante su entrevista con Andrew Carnegie, el hombre que había construido uno de los más poderosos imperios industriales de la historia humana.

Después de un viaje a Pittsburgh, Hill se fue directo a la oficina de Carnegie. Ambos pasaron tres horas hablando de la vida del magnate. Al final de ese tiempo, Carnegie, muy impresionado con el joven, le pidió que fuera su invitado en su casa. Las conversaciones continuaron durante tres días. Mientras pormenorizaba los hechos que lo encumbraran a su actual posición, Carnegie, que alguna vez fuera un inmigrante sin dinero en una nueva tierra, le dijo a Hill que el mundo necesitaba de una *filosofía del éxito* basada en el "know-how" (el saber hacer) de hombres como él, que había logrado encumbrarse en base a la experiencia durante toda la vida, por el método de ensayo y error... y que se necesitaba de algún tipo de plan que ayudara a la gente a aprovechar al máximo sus talentos. Un trabajo así sería largo, difícil y muy agotador... y podría no ser remunerado durante un largo tiempo. Carnegie insistió, que alguien tendría que emprender esa tarea.

Al final del tercer día, Carnegie repentinamente le lanzó a su joven interlocutor la ansiada pregunta. "¿Aceptarías ese reto?", y agregó, "¿estarías dispuesto a pasar 20 años haciendo ese trabajo? Sólo tienes que responder "sí" o "no". Tómate todo el tiempo que necesites para tomar esa decisión y cuando por fin te decidas, házmelo saber."

La Respuesta Que Pagó El Premio Mayor

Hill, todo sobresaltado por la pregunta, se sentó de nuevo. Y momentos más tarde, el joven de solo 19 años, respondió: "¡Acepto, voy a hacer el trabajo y puede confiar en mí para terminarlo!"

Carnegie se quitó el reloj de su mano y se lo mostró a Hill. "¡Te tomó 29 segundos decidirte. Estimé que tardarías 60 segundos en tomar la decisión!"

Más tarde Hill se enteró que el famoso empresario habría hecho la misma petición a otros 250 hombres... pero sólo Hill había satisfecho sus requisitos.

De este modo, Napoleón Hill comenzó la monumental tarea de su vida - la organización de su *filosofía única del éxito*... una filosofía escrita y publicada, veinte años más tarde, tal y como lo había pronosticado Carnegie, y que desde entonces ha sido leída por millones de personas.

Hill comenzó su trabajo estudiando intensivamente la vida de las 500 personas más exitosas de la nación, empezando por Henry Ford, justo en la época en que el famoso modelo T del automóvil hiciera su aparición. Carnegie lo ayudó dándole cartas de presentación para los mejores prospectos de ese entonces. Henry Ford, William Wrigley, Jr., y muchos otros personajes de similar estatura fueron incluidos.

A pesar de que estos personajes, que conoció, cooperaban gustosamente proporcionándole información, poco o nada pudo obtener de ellos para mejorar su situación financiera. Durante los largos años que siguieron, mientras trabajaba en *la filosofía del éxito* y llevaba a la práctica *"las leyes"* que estos personajes le revelaron, su vida dio muchas vueltas. Fue precisamente en este crisol de experiencia y esfuerzo, y en el caldero del éxito y fracaso, que nació la Ley *del Éxito*.

Su ascenso fue estimulado poco después de su matrimonio en 1910, cuando visitó a la familia de su esposa en Lumberport, Virginia Occidental. Allí la comunidad siempre se había visto afectada por la ausencia de un puente adecuado para transportar el tráfico sobre el cercano río Monongahela. El joven, con lo que había aprendido de Carnegie, y su contacto con funcionarios públicos y empresarios. Al explicarles a los residentes del beneficio que les traería la construcción de un puente, los convenció de compartir los costos, que superaban los $ 100.000 dólares. Como resultado, ¡el pueblo contó con el puente que tanto necesitaba! A su vez, este puente trajo consigo el transporte ferroviario a la ciudad y con ello una nueva oleada de prosperidad de los negocios en los que Hill y parientes de su esposa supieron aprovechar. Entre otros negocios crearon una empresa para producir gas natural, que llegó a ser tan rentable que alivió todas las necesidades financieras de la familia de Hill en lo sucesivo, y esto le permitió poder enviar a sus tres hijos a la Universidad del Estado. Durante los cuarenta y cuatro años de operaciones, la empresa ha generado un ingreso bruto de muchos millones de dólares y ahora está bajo el control del hijo mayor de Hill.

Las Diez Reglas Del Éxito

Cuando se le pregunta cómo ser exitoso, Hill explica que la fórmula del éxito de 10 puntos que Carnegie le había sugerido ha sido su punto de partida para su investigación:

1. Definición de Objetivo – establecer un objetivo o propósito principal.
2. Alianza de Mente Maestra — contactar y trabajar con otras gentes que poseen aquello de lo que usted carece.
3. Recorrer el Kilometro Extra — hacer más de lo que está obligado a realizar, es aquello que justifica los aumentos o promociones en el trabajo y motiva a los demás a corresponderle de igual manera.
4. La Fe Aplicada — el tipo de creencia que lleva a una acción como resultado.
5. Iniciativa Personal — hacer lo que se debe sin necesidad de que se le ordene hacerlo.

6. La Imaginación — atreverse a hacer lo que usted piensa que es posible.

7. El Entusiasmo — la cualidad contagiosa que atrae el optimismo de los demás.

8. Precisión de Pensamiento — la capacidad de distinguir los hechos de la ficción y de utilizar lo que es pertinente a nuestras propias preocupaciones o problemas.

9. Concentración de Esfuerzo — no apartarse de cualquier objetivo trazado.

10. Sacar Provecho de la Adversidad — recordar que siempre hay un beneficio equivalente ante cada adversidad o derrota.

Su éxito lo catapultó por toda la nación y de ello surgió una oferta para dirigir una destacada escuela por correspondencia - con un fabuloso salario que para entonces llegaba a la suma de 15.000 dólares anuales. En sólo dos años, aumentó el capital de la empresa en más de un millón de dólares, lo que le permitió multiplicar sus operaciones. Hill decidió entonces operar su propia escuela, y pasó los siguientes dos años enseñando publicidad. La filosofía del éxito, hasta antes solo maquinada en su mente, la pudo poner a prueba diariamente en todo lo que hacía... ¡y demostró que funcionaba!

El Gobierno Aplica Su Fórmula Del Éxito

En este contexto, llegó la Primera Guerra Mundial. Hill, que ya había conocido a Woodrow Wilson a través de Carnegie cuando el presidente era entonces Director de la Universidad de Princeton, fue llamado a Washington para trabajar como asesor confidencial de propaganda del Jefe del Ejecutivo. Su labor durante la guerra contribuyó mucho para estimular el fervor patriótico necesario para la victoria.

Cuando la vasta maquinaria militar alemana colapsó en 1918, Hill sugirió un plan que ayudó a destruir la antigua dinastía de los Hohenzollern y ¡mandar a volar al Kaiser! El Presidente Wilson apenas terminó de leer la solicitud de un armisticio, cuando se volvió a Hill y le mostró el mensaje.

"Sr. Presidente", exclamó Hill: "¿no deberíamos preguntarnos si esta solicitud se hace en nombre del pueblo alemán - o en nombre del Gobierno Imperial?" Esta pregunta, repetida por Wilson, llevó a la abdicación del Kaiser. Y con ello terminó el reinado de una de las más poderosas Casas Reales de todo el mundo... y estimuló el derrocamiento de otras monarquías absolutas.

Después de la muerte de Wilson y la llegada de una nueva administración, Hill decidió regresar a su trabajo como educador. Continuó enseñando e impartiendo conferencias... para difundir las ideas de la filosofía que estaba surgiendo de su constante estudio de los factores que producían el éxito. En una de sus conferencias conoció a Don Mellet, editor del diario, Ohio Daily News, que después se convirtió en uno de sus más grandes admiradores, y, posteriormente su manager. Mellet instó a Hill para llevar su investigación al papel... y preparar un manuscrito sobre la base de sus conclusiones, que pudieran ser publicados en forma de libro. Como resultado, Hill comenzó la elaboración de esta obra.

Desafortunadamente, antes de que concluyera el trabajo, Mellet fue asesinado por cuatro hampones que ahora cumplen cadena perpetua en la penitenciaría del estado de Ohio. Mellet había descubierto una alianza entre los cuatro hombres, que les permitía vender drogas y licor, y había publicado sus nombres en el periódico. La venganza fue el asesinato y también Hill había estado en riesgo de correr la misma suerte, pues los hampones creían que él también era parte de los ataques periodísticos. Antes de su muerte Mellet había convencido al juez Elbert H. Gary, presidente de la Junta Directiva de la "United States Steel Corporation", para que suministrara el dinero necesario para la publicación de los libros de éxito de Hill, por desgracia también el juez Gary murió antes de que este acuerdo pudiera consumarse. Pese a la adversidad, a eso que llamamos la mano del destino, o todo aquello que tan a menudo somete a los hombres a duras pruebas antes de "alcanzar" sus objetivos, parecía estar poniendo a Hill contra la pared durante este período dramático de su carrera.

Hill se Convierte en Columnista

Después de un año emigró a Filadelfia para ponerse en contacto con Albert L. Pelton, un editor. Pelton, después de echar un vistazo a los manuscritos, los compró. De este modo, se dio a conocer al mundo su primera publicación importante - *La Ley del Éxito* - una obra publicada posteriormente en ocho volúmenes, con amplia difusión por todo el mundo.

Después de la publicación de *la Ley del Éxito*, el ascenso de Hill fue meteórico. Sus ingresos por derechos de autor ascendían a los $ 2,500 mensuales y durante años se mantuvo en ese rango. La obra se convirtió en un anteproyecto de un mejor futuro para aquellas personas hambrientas de éxito.

Viajaba constantemente... impartiendo conferencias, enseñando y explicando su filosofía. Finalmente, Bernard McFadden, un famoso editor, lo convenció que escribiera una columna diaria en el periódico - el *Daily Graphic*. La columna, llamada "El Éxito", se convirtió en una de las principales columnas de la publicación y su circulación aumentó en más de 200.000 ejemplares en los tres primeros meses. Sin embargo, más adelante el diario fracasó. A lo cual McFadden en tono de broma decía que había sido debido a que la columna de Hill superaba por mucho la venta de los espacios publicitarios que se tenían en el diario. En realidad, se afirmaba que los comerciantes de la ciudad de Nueva York habían boicoteado al diario de McFadden al negarles espacios publicitarios debido a un malentendido con el editor.

La oportunidad de un mejor trabajo llegó cuando el protegido de Hill, Jennings Randolph, fue electo para el Congreso. Randolph se reunió con Hill cuando éste pronunció su discurso de graduación del Salem College en West Virginia en 1922. Actualmente es asistente del presidente de Capital Airlines, cargo que asumió después de 14 años en el Congreso, Randolph había sido uno de los discípulos de Hill desde su juventud. *La Ley del Éxito* demostró su efectividad en él mismo, y por ello, estaba dispuesto a ayudar a divulgar el talento de Hill más ampliamente. Con su influencia y los de Steve Early, secretario de prensa presidencial, Hill regresó a la Casa Blanca en 1933. La Depresión había comenzado y gran parte de la obra de Hill se dedicó a publicitar a la NRA, y a sumar esfuerzos encaminados a restaurar la fe en el gobierno. Fue durante este período que Hill aportó la idea de que "lo único que tenemos que temer es al miedo mismo."

Millones Aprenden Las Reglas del Éxito

Después de que pasó el apogeo de la crisis, Hill dejó el gobierno para volver a escribir y dar conferencias sobre su filosofía desde la plataforma más importante de la nación. Antes de 1937 logró terminar su segundo libro - *¡Piense y Hágase Rico!* Uno de los libros más leídos y rentables que se hayan publicado jamás. Se estima que más de 60.000.000 de personas en todo Estados Unidos y una veintena más de países extranjeros lo han leído. En el período transcurrido desde su publicación, Hill estima que le ha generado ingresos por alrededor de $ 23 millones de dólares.

Hill compró una finca en la Florida y se retiró. Pero aún su mente estaba llena de ideas... que demandaban estar aislado para sus planes. Para 1940 ya había tenido suficiente inactividad y optó por regresar al trabajo que le daba esencia a su vida... la divulgación de la filosofía del éxito que sus interminables investigaciones habían creado.

Las circunstancias que lo llevaron de vuelta a la actividad pública eran típicas. Así lo recuerda: "Mark Wooding, un alumno mío, acababa de abrir un restaurante en Atlanta, Georgia, y me enteré que estaba en dificultades financieras. No podía olvidar las muchas veces que mis amigos habían acudido a mi cuando necesitaban ayuda, así que tomé un avión y volé a Atlanta para ver en que podría ayudarlo."

La forma en que Hill ayudaba a sus amigos financieramente, era dando conferencias sobre la filosofía del éxito que impartía en comidas y por las que cobraba boletos de admisión. Pronto este negoció prosperó y se corrió la voz del éxito de las mismas.

En el curso de estas conferencias, conoció al Dr. William Jacobs, presidente del Colegio Presbiteriano de Clinton, Carolina del Sur, quien poseía muchos negocios y entre ellos uno dedicado a la impresión, e instó a Hill para que volviera a escribir toda su filosofía de la realización personal, y para ello se ofreció a publicarlo en una nueva edición.

El primer día de enero de 1941, Hill comenzó la transcripción de las notas taquigráficas que había tomado durante sus muchas conferencias con Andrew Carnegie, y para el final del año - un día antes de Pearl Harbor – había concluido el trabajo. El resultado fue la publicación de su obra en 16 volúmenes - ¡Dinamita Mental!

Después de publicada la primera edición, la guerra mundial causó escasez de papel que obligó a detener el proyecto. Sin embargo, Hill se enorgullece de la cadena de acontecimientos que condujeron a la publicación de esta obra. Afirma Hill, "Este obra ilustra que ayudar trae recompensa – equivalente a recorrer el kilometro extra. Al ayudar a mi amigo Wooding a levantar su negocio del restaurante, ¡yo también obtuve un provecho de ese servicio prestado!"

Usted Puede, Si es que Quiere

Hill aplicó esta frase, entre muchas otras, en su experiencia personal para demostrar la validez de su teoría de la "Fuerza del Hábito Cósmico." Esta teoría se basa en la idea de que "lo que la mente puede concebir y creer, la mente lo puede lograr." En otras palabras, si usted está convencido de que puede hacer algo, entonces podrá hacerlo, a pesar de todos los obstáculos que puedan existir. Él creía que podía ayudar a su amigo y lo hizo - y en pago a ese servicio prestado la "ley de la compensación" le retribuyó con creces el esfuerzo realizado desinteresadamente.

Durante la guerra, Hill prestó servicios a la industria – asesorando en la eliminación de potenciales riesgos de fricción laboral en importantes fábricas. Y, para 1944, con la sensación de ya estar listo para un retiro temporal, Hill y su esposa se mudaron a California. A su llegada a Los Ángeles se encontró con que sus libros y filosofía eran muy populares, leídos y utilizados por miles de gentes. Incluso el Director de la Biblioteca de Los Ángeles ¡contaba con 71 copias muy manoseadas de *Piense y Hágase Rico*!

En Los Ángeles fue contratado en la radio como comentarista y su programa que se transmitía por la estación KFWB, durante tres años, fue uno de los más populares jamás producidos en esa área.

Sin embargo, una nueva etapa y probablemente la más importante de su vida estaba aún por llegar. Ésta se produjo en 1951, cuando, a petición de uno de sus antiguos alumnos, se fue a St. Louis para llevar a cabo un programa de formación sobre su filosofía del éxito para un grupo de 350 personas. Mientras impartía su curso a este grupo, conoció a un dentista que lo invitó a dar una conferencia ante un grupo de 50 dentistas en Chicago. Hill aceptó la invitación.

Comienza Una Nueva Carrera

Fue una decisión trascendente. Como ya le había sucedido a lo largo de su larga y productiva vida, su afán de servir a los demás una vez más lo puso de frente ante mayores oportunidades. Resulta que uno de los invitados a la reunión era W. Clement Stone, Jr., que había sido invitado por su dentista para oír la conferencia de Hill. El Joven Stone, hijo de uno de los ejecutivos de una de las aseguradoras más importantes del país, se apresuró a presentarse con Hill cuando éste llegó

"Mi padre ha sido siempre un estudiante de su filosofía," le dijo Stone a Hill, "De hecho, él construyó su negocio de varios millones de dólares sobre la base de los principios descritos en sus libros."

Hill, relatando este encuentro, comenta: "Cuando me dijo que su padre era presidente de la Compañía *Combined Insurance of America,* recordé, que precisamente esa empresa había comprado periódicamente, a través de los años, grandes cantidades de casi todos mis libros."

En el intervalo de la conferencia, presentaron a Hill con W. Clement Stone, Sr., quien al enterarse de la presentación de Hill, había cancelado un pasaje de avión para un viaje de negocios importante con tal de escucharlo. Le comentó Stone a Hill lo mucho que había hecho por él *La Ley del Éxito, Piense y Hágase Rico, Dinamita, mental*, y otras publicaciones de su autoría... y le sugirió un nuevo proyecto:

"Su *Filosofía del Éxito* debe quedar registrada por otros medios como las películas, para que miles de gentes puedan verlo y escucharlo. Debe presentarse ante un mayor auditorio para que sus beneficios lleguen a más personas por todas partes."

A continuación, el multimillonario magnate le ofreció a Hill sus servicios para llevar a cabo el proyecto si contaba con su aprobación. Estimulado por esta nueva perspectiva, Hill estudió la propuesta y, finalmente, aceptó. Más tarde, su alianza con Stone se amplió hasta el punto que el magnate se convirtió más tarde en su administrador general. Bajo los términos del contrato, que ambos acordaron, Stone se convirtió en director y editor exclusivo de Hill. Como resultado, surgió la organización - *Napoleón Hill Associates*. A través de este grupo los integrantes esperan multiplicar la difusión de Hill para llegar a muchos millones más de personas que necesitan de su ayuda. Tienen la esperanza de proporcionar la notable fórmula del éxito a un mayor número de personas, que las que ya la han estudiado y aplicado productivamente en sus vidas personales.

La alianza entre Stone y Hill ya ha dado muchos frutos. El resultado ha sido la publicación de la obra *Cómo Aumentar sus Ingresos;* la preparación de un nuevo manuscrito que se pretende sea publicado bajo el título *Cómo Encontrar la Paz Mental;* así como el rodaje de películas que permitan preservar la personalidad dinámica de Hill y los preceptos literales para futuras generaciones. A la par, se está trabajando con la formación de un grupo de hombres y mujeres bajo la supervisión de Hill, para que sean en un futuro los maestros de su doctrina. Con esto se pretende que a la larga se difunda la obra de Hill en ciudades, pueblos, comunidades y en varias partes de todo el país.

Revitaliza a Todos

Es evidente que la filosofía funciona. Paris, en el estado de Misuri, constituye un claro ejemplo de ello. En ese lugar Hill enseñó a un grupo de gentes cómo usar y aplicar sus preceptos. Al cabo de un año, esa pequeña ciudad que muy poco había cambiado su modo de vida desde la guerra civil, sufrió una transformación revitalizándose completamente. Hoy en día no es raro ver edificios nuevos, una nueva iglesia, y muchas mejoras cívicas por todas partes de la ciudad. Y aguarda por ser aprobado un programa de mejoras de servicios. Los estudiantes de Hill, integraron un grupo al que llaman "*Club del Éxito Sin Fronteras*," cuyo objetivo es seguir trabajando para continuar avanzando en el desarrollo de la ciudad.

Actualmente Hill y Stone, siguen trabajando juntos, esperando el día en que "El Éxito sin Fronteras" sea la consigna de todos... en donde cada mujer y hombre aspiren a crecer más en la vida ... y en donde todos aquellos que están comprometidos con la creación de un mejor futuro puedan multiplicarse creando grupos similares.

Para que esto sea posible para todos... incluso para aquellos cuyas casas se encuentren en zonas aisladas y remotas, se han desarrollado programas de estudio en el hogar, planes de estudio para grupos individuales y clases especiales a impartirse bajo la dirección de profesores y moderadores especialmente formados. Todo esto se tiene previsto llevarlo a cabo durante los próximos 5 años, algo que bajo condiciones normales requeriría de 50 años de planificación y trabajo, incluyendo la traducción de la Ciencia del Éxito a los principales idiomas a nivel mundial.

Los Principios Básicos que Garantizan el Éxito

La filosofía de Hill conserva vivo el concepto de crecimiento de las personas y de los factores que rigen sus vidas. Con los años se ha ampliado. Además de los 10 principios básicos que obtuvo de Carnegie, personajes como Ford, Edison, y los casi 500 líderes que colaboraron en la búsqueda de los ingredientes del éxito individual aportaron también 7 puntos adicionales, que son:

1. La regla de Oro Aplicada — sembrar la semilla que se está dispuesto a cosechar.
2. La Fuerza del Hábito Cósmico — es la ley de control de la Naturaleza a través de la cual se forman los hábitos, descrito abstractamente en la Ley de la Compensación de Emerson.

3. La Concentración — apegarse a una tarea hasta su consumación o interrumpirla por causa justificada.
4. Personalidad Agradable — un rasgo que se puede desarrolla y mejorarse constantemente.
5. Autocontrol — dominio sobre los pensamientos, palabras y acciones.
6. El Hábito de la Salud — mantenerse saludable con buenos hábitos al comer, beber, ejercitarse y pensar.
7. El Hábito del Ahorro — Presupuestar tiempo, ingresos y gastos.

La fórmula parece ser simple... y básica. Sin embargo, representa el esfuerzo de toda una vida productiva. En la práctica, pocos hombres en la historia del mundo han podido aplicar todos los principios todo el tiempo. Hill, el hombre que ya ha enseñado a millones cómo alcanzar el éxito, espera enseñar aún más acerca de la forma en que se pueden dominar los elementos esenciales del éxito. Si lo logra, él está seguro que el poder de este conocimiento le proporcionará a las personas... la llave para el éxito individual... que puede, a su vez, ser un antídoto eficaz para el tipo de frustración y descontento que genera las guerras... y que orilla a la gente fracasada al comunismo.

Hill afirma, "Si usted tiene el poder de avanzar... y si está seguro de que puede tener un futuro mejor, nunca renuncie a su derecho a la libertad, que es un derecho de nacimiento."

Extraído del artículo *la Oportunidad del Vendedor.* de la Revista *Ventas Exitosas.*
Noviembre de 1954.

La Fe es la Llave Maestra a la Ciencia del Éxito

Por Napoleón Hill

Si tuvieran fe del tamaño de un grano de mostaza, dirían a esta montaña: "Trasládate de aquí a allá", y la montaña se trasladaría; y nada les sería imposible *(Mateo 17:20)*.

La fe es la llave maestra con la que podemos abrir la puerta que separa nuestros destinos terrenales de la fuente eterna del universo del poder. La ciencia ha desbloqueado el secreto del poder del átomo, domina los cielos por encima de nosotros y los océanos debajo de nosotros, y nos revela los vehículos de transporte que se mueven más rápido que el sonido, pero aún la ciencia no ha explicado el inexorable poder de la fe.

Creo que sé algo sobre el tema de la fe aplicada, y lo sé, no desde el punto de vista teórico, ni a través de un libro, sino de la observación y la experiencia real.

Déjeme contarle la manera cómo me encontré cara a cara con la primera gran oportunidad que puso a prueba mi fe cuando yo era joven.

Acababa de terminar una entrevista de tres días con Andrew Carnegie, filántropo y fundador de la United States Steel Corporation. El Sr. Carnegie en ese entonces era el hombre más rico del mundo, y me había encargado ser el autor de la primera filosofía práctica de la historia acerca de la realización personal, pero lo hizo con la condición de que tendría que dedicar 20 años a la investigación y ganarme la vida a medida que avanzaba, sin un subsidio financiero por parte de él.

19

Traté desesperadamente de renunciar al encargo debido a que no contaría con los fondos necesarios que me respaldaran en esos 20 años de trabajo, además no tenía suficiente educación que justificara la realización de esa responsabilidad, y, peor aún, no estaba seguro de haber entendido el significado de la palabra "filosofía".

Todos los "pretextos" posibles revoloteaban en mi mente, mientras estaba allí sentado en la biblioteca del señor Carnegie que esperaba mi respuesta, pero de alguna manera, no pude abrir la boca para declinar la maravillosa oportunidad que me estaba ofreciendo. Entonces, como un relámpago, una gran luz se apoderó de mí, y la habitación pareció llenarse de un gran resplandor. Y algo dentro de mí me decía: "Dile que aceptarás el encargo." ¡Y así lo hice!

Cuando les comunique a mis familiares que había aceptado un trabajo por 20 años sin goce de sueldo, y descubrieron que mi empleador era el hombre más rico del mundo, quedó claro que creían que ya había perdido la razón.

Pero yo estaba feliz porque me di cuenta de que había cumplido con éxito mi primera gran oportunidad, en base a mi fe, para salir adelante respaldándome en mi propia capacidad.

Durante mis 20 años de trabajo con el Sr. Carnegie aprendí muchas cosas. Un hecho profundo que descubrí fue que cada adversidad, cada fracaso, cada derrota y cada circunstancia desagradable de la vida lleva consigo la semilla de un beneficio equivalente. *El Creador ha provisto sabiamente que nada de valor se le puede despojar a cualquier persona sin que algo de igual o mayor valor reponga esa pérdida.*

Busque en dondequiera que pueda, y verá que nunca encontrará una verdad más profunda que esta afirmación - una verdad que le dará consuelo y lo levantará desde las profundidades de la desesperación cuando sea invadido por el dolor – *pero siempre y cuando lo mueva la fe.*

Durante los años que duró la investigación y la organización de la Ciencia del Éxito, enfrenté no menos de 20 derrotas importantes, y cada uno de ellas me dio la gloriosa oportunidad de poner a prueba mi capacidad de fe. Si no hubiera sido por el conocimiento revelado a mí por estas derrotas, la Ciencia de la Filosofía del Éxito no podría haber sido concluida en toda mi vida.

Tal vez la mayor bendición que llegó a mí a través de mis experiencias con la derrota fue la revelación de que orar nos puede dar una orientación, y un gran beneficio, cuando tenemos que hacer algo por cuenta propia. Además, la más eficaz de todas nuestras oraciones son las que ofrecemos como una expresión de gratitud por las bendiciones que ya disfrutamos, en lugar de pedir más bendiciones.

Después de que aprendí a orar de esta manera, mis bendiciones comenzaron a multiplicarse, hasta que por fin tuve todo lo que deseaba o necesitaba sin tener que pedir más. Un momento decisivo e importante en mi vida fue el día en que ore al señor diciéndole: "Oh, Señor, ya no pido más bendiciones, sino más sabiduría con la que pueda hacer un mejor uso de las bendiciones con que me dotaste al nacer - el privilegio de controlar y dirigir mi propia mente para propósitos de mi elección."

La mente está diseñada de tal manera que atrae a la suma y sustancia de lo que se piensa con mayor frecuencia. De hecho, la vida nos alimenta de todo aquello en lo que la mente se enfoca, normalmente basados en el miedo o en la fe. La mayoría de la gente va por la vida con su Poder Mental dominado por los miedos y limitaciones autoimpuestas, y luego se preguntan por qué la vida es tan cruel con ellos.

El miedo no es más que la fe ¡a la inversa! La base sobre la que descansa la fe y el miedo es la creencia en algo.

Otra cosa que aprendí al trabajar con el Sr. Carnegie, fue que cuando se aprovecha al máximo cualquier herramienta o circunstancia en la que nos respaldamos mediante la fe para hacer realidad los deseos, se nos revelan misteriosamente mejores herramientas y circunstancias. Cuando tenemos un objetivo en mente de lo que deseamos lograr, el lugar para empezar está justo donde estamos parados.

El único requisito que cumplía cuando acepté la propuesta de Andrew Carnegie, de organizar la Ciencia del Éxito, era mi fe inquebrantable de que los medios de llevar a cabo exitosamente la misión se me revelaría a medida que avanzaría. ¡Y lo sorprendente es que allí siempre estuvieron! Ahora relataré algo que le mostrará cómo funciona el poder misterioso del Señor. Reconocí hace mucho tiempo que tenía que tener un sistema automático para el cuidado de todas mis necesidades. Adopté uno al que llamé mis nueve guías invisibles, o mis nueve príncipes, que es la otra forma en que los bauticé.

Mi sistema de Fe aplicada consiste en nueve entidades invisibles que me inspiran y que logré crear en mi mente. Cada uno de ellos aprovecha y utiliza el stock de créditos de fe que he acumulado al expresar mi gratitud por las bendiciones que deseo, incluso antes de que los reciba. No sé si estas guías son imaginarias o no. Tal vez el Señor realmente las coloca en mi mente como efigies invisibles, pero son tan eficaces como si fueran reales.

El Príncipe de la Buena Salud funciona mientras duermo para mantener mi cuerpo físico sano y en condiciones normales de trabajo para la estabilidad y administración de mi mente. Cada célula de mi cuerpo se revitaliza con la energía necesaria para darle la eficiencia en su funcionamiento.

El Príncipe de la Prosperidad Financiera atiende todas mis necesidades financieras, inspirándome para prestar un servicio útil en proporción a mis necesidades económicas. Aunque nací y viví en la pobreza durante mi infancia, mis necesidades financieras ya no me causan ninguna preocupación. Mis necesidades en ese aspecto automáticamente han quedado satisfechas, y de ese modo vivo con la libertad de no preocuparme por cuestiones de dinero.

El Príncipe de la Paz Mental mantiene mi mente eternamente ajena a las causas que provocan el miedo y la preocupación, condicionándome para que pueda expresar libremente mi fe.

Los Príncipes de la esperanza y la fe son gemelos. Ambos trabajan juntos para mantenerme activo con funciones que enriquecen mi vida y me ayudan a enriquecer las vidas de los demás, mediante los libros que escribo y el consejo personal que tengo el privilegio de ofrecer a muchos de mis amigos. Ellos me ayudan también a ver un final exitoso para todo lo que emprendo, incluso antes de comenzar un objetivo dado. En forma coordinada, la esperanza y la fe funcionan juntas, como una llave maestra con la que puedo abrir a voluntad la puerta a la Inteligencia Infinita para cualquier propósito que deseo.

Los Príncipes del Amor y el Romance también son gemelos. Ellos mantienen jóvenes a mi cuerpo y mente, y visten a todas mis actividades con un espíritu de amor, que es la poderosa influencia que beneficia a todos aquellos a quienes sirve.

El Príncipe de la Paciencia me dota de una vida bien equilibrada y me ayuda a sincronizar mis pensamientos y acciones, a través de la autodisciplina, para que sean eficaces y beneficiosas en todos aquellos en los que influyen. Este príncipe me ayuda a relacionarme con los demás en un espíritu de comprensión y tolerancia, convirtiendo esas relaciones en amistades duraderas.

El príncipe de la Sabiduría Total es quien me relaciona con todas las influencias que afectan mi vida - pasado, presente y futuro – y del provecho que he obtenido de todo ello, sin importar si se trata de experiencias agradables o desagradables. Este príncipe también me orienta en la dirección correcta cuando enfrento la encrucijada de la vida, en la que tengo que tomar decisiones más allá del alcance de mi educación, experiencia y habilidad natural.

Adicionalmente, mi fe es una especie de embajador itinerante cuyo deber es hacer mandados y prestar un servicio general diferente a las tareas de mis nueve guías

A veces, la fe está llamada a cumplir un servicio para mí que no puede ser clasificado como de menor importancia. Por ejemplo, hace varios años mi esposa y yo decidimos vender nuestra casa en California y volver a Greenville, Carolina del Sur, esto con el fin de economizar tiempo por mis viajes de avión entre mi casa y mi oficina en Chicago, Illinois.

Mi esposa y yo teníamos ya un plan muy definido en cuanto al tipo de casa y la ubicación que deseábamos. En primer lugar, tenía que estar situado en un vecindario de primera categoría. Con una gran parcela de tierra, y bien equipada con una amplia variedad de árboles. La casa tenía que tener un diseño que permitiera la ampliación a más habitaciones cuando así se requiriera, y tenía que estar situada en una pendiente muy bien equilibrada. Por último, pero no de menos importancia, es que tenía que estar su valor dentro de un cierto rango de precios. Esto, desde luego, no era una combinación de requisitos fáciles de satisfacer en Greenville, o en cualquier otra parte, para el caso.

Pero tuvimos confianza y pusimos toda nuestra fe a trabajar, y en cuestión de días, encontramos la casa deseada que satisfizo todas nuestras necesidades.

En nuestro hogar no expresamos palabras negativas, ni damos lugar a los pensamientos negativos, en lugar de eso preferimos llenar nuestro entorno de esperanza, fe, amor y romance. Cada día llenamos de bendiciones todas las habitaciones de nuestra casa. Bendecimos todo nuestro bosque de hermosos árboles y flores. Bendecimos a los vecinos cuyas propiedades colindan con la nuestra. Bendecimos a los pájaros que cantan y se bañan en los bebederos de agua que especialmente acondicionamos para ellos. Y bendecimos a todos nuestros numerosos amigos de todo el mundo, a pesar de que a pocos de ellos los conocemos personalmente.

Finalmente, lo bendecimos a usted por leer este mensaje, y esperamos sinceramente que pueda encontrar en su contenido alguna expresión que enriquezca su vida y le proporcione un mayor poder para mejorar todas sus relaciones humanas.

Tomado de: The Cadle Call, Abril de 1964, Vol. XXIII, No. 9, páginas . 8–10.

Atrapado al Vuelo

"Ir el Kilómetro Extra" Retribuye, afirma Napoleón Hill

por Charles H. Garrison

El artista invitado de hoy es Napoleón Hill, un escritor y profesor de renombre nacional, que actualmente está haciendo su casa en Clinton. El Sr. Hill es un nativo del sudoeste de Virginia, un ex banquero que aproximadamente hace 30 años fue seleccionado por Andrew Carnegie, entre una multitud de candidatos, para realizar la importante tarea de analizar los métodos de negocios de varios de los empresarios más destacados de Estados Unidos. A partir de ese estudio el Sr. Hill continúa divulgando sus métodos hasta que se conozcan y utilicen en muchos países extranjeros, aparte de los Estados Unidos. Su artículo de hoy se refiere a "ir el kilómetro extra" o ir más allá de lo esperado, y constituye un recurso práctico de gran ayuda para todos aquellos que lo lean.

Hace más de 30 años Andrew Carnegie, sostenía un cronómetro a escondidas debajo de su escritorio, con el que estaba contando mi tiempo de reacción y respuesta ante la propuesta y oportunidad que me estaba brindando. La oportunidad consistía en el gran privilegio de organizar la Filosofía del Logro Americano, basado en las experiencias del señor Carnegie, Thomas A. Edison, Henry Ford, John Wanamaker, Cyrus HK Curtis, Dr. Alexander Graham Bell, y otros grandes empresarios dentro del contexto del estilo de vida americano.

A través de este proceso de investigación descubrí los 17 principios de los logros individuales, de los cuales quizás el más útil de ellos es el hábito de ¡Ir el Kilómetro Extra!

Elegí hoy este principio de Ir el Kilómetro Extra para su análisis en esta columna, por la razón de que en estos días todo mundo está cayendo muy fácilmente en la derrota espiritual, principalmente porque la mayoría de ellos aplica este principio completamente a la inversa, ¡tratando de obtener beneficios a cambio de nada! Sospecho que esto es porque aún no se ha entendido el verdadero sentido espiritual de la norma. En un análisis final, puedo decir que es la Regla de Oro que se aplica a las relaciones humanas en todos los ámbitos de la vida. Lloyd Douglas atrapó el pleno significado de esta gran regla universal y la interpretó en su libro, *Magnifica Obsesión*, obra que causó una profunda impresión en los que leyeron la obra.

Quizás sea verdad que este país necesite una marina de guerra más grande; una mayor flota de aviones en el mundo; o una mayor producción de materiales de guerra a gran escala; sin embargo, creo que lo que más necesita este país, es que todos nosotros, dejemos de lado el hábito de solamente querer recibir sin dar nada a cambio, y comenzar desde ahora a hacer un esfuerzo adicional, con ese mismo espíritu que demostraron los 56 hombres que firmaron la Declaración de Independencia y aplicaron esta regla, dando origen al país "más libre y rico" que la civilización haya conocido.

Esto no es sólo el camino a la salvación de nuestras almas (algo que para muchos de nosotros parece no preocuparnos en absoluto mientras tengamos dinero en el bolsillo), sino también la forma más rápida y segura para alcanzar la independencia económica, pues así como es un hecho incontrovertible que la noche sigue al día, también lo es el hecho que el hombre que hace más de lo que se le paga, y lo hace con una actitud mental de disposición, tarde o temprano se le retribuye con un pago mayor a lo que hizo. No se ha sabido que esta norma haya fallado durante los treinta y tantos años que he estado observándola.

Tomando mi propia experiencia como ejemplo, recuerdo

que Andrew Carnegie me dijo: "Si vas hacer un esfuerzo adicional (ir el kilómetro extra) e inviertes 20 años de trabajo sin ninguna remuneración para investigar lo que se requiere para salir adelante y mantenerse en el éxito, el fruto de ese trabajo no solo otorgará un beneficio duradero en millones, incluyendo a quienes aún no han nacido, sino que seguramente también te brindará le seguridad económica por el resto de tu vida, sin que tengas que hacer otra cosa.

Mi encuentro con el Dr. Jacobs

Le creí lo que me dijo, porque él había demostrado en su vida que conocía las reglas de los logros individuales, uno de ellos - Ir el Kilómetro Extra – él lo aplicó con tanto éxito que se refleja en su enorme fortuna que aún sigue creciendo, sin dejar de lado su propio esfuerzo por educar a las personas con deseos de salir adelante y haciéndolo sin esperar obtener nada a cambio. He sido recompensado más allá de lo que pude haber esperado, porque hoy la Filosofía del Logro Estadounidense se ha vuelto conocida en todo el mundo, al grado, incluso, que el Dr. William Plumer Jacobs, presidente del Colegio Presbiteriano, me ayudará a publicarla en una edición popular para su fácil acceso a todas las masas de este país, esto de acuerdo a un plan que esperamos nos permita aminorar ese hábito, tan arraigado hoy en día, de querer obtener algo sin dar nada a cambio.

Había sido mi esperanza, durante años, poder presentar esta filosofía a los estadounidenses (en cumplimiento a mi promesa al señor Carnegie) esperando encontrar ayuda para publicar la obra, pero mi dificultad estaba en encontrar un editor que tuviera la visión suficiente para adoptar el principio de Ir el Kilómetro Extra y pensar en términos de servir a la gente antes de los dividendos que le generara la publicación.

Finalmente encontré al hombre adecuado cuando, por una serie de circunstancias inusuales, tuve el privilegio de conocer al Dr. Jacobs. Yo había estado buscando una editorial entre las grandes editoriales del Este, e increíblemente lo hallé en la pequeña ciudad de Clinton, Carolina del Sur, el último lugar en la tierra en donde hubiera creído encontrar a alguien con la suficiente visión creativa que me ayudara a difundir la filosofía entre la gente de América y desinteresadamente ofrecerme el servicio.

Ayudar a los Jóvenes

A pesar de todas sus responsabilidades empresariales, el Dr. Jacobs me ha ayudado a volver a escribir, por completo, la Filosofía de Logro Americano. Ha emprendido este trabajo con un entusiasmo como nunca antes lo había visto, pues vio en la filosofía una forma de cambio de mentalidad en la juventud de América (al igual que en los adultos), y por ello lo consideró como un trabajo que se tenía que hacer de inmediato, a fin de que fuera duradero a las siguientes generaciones. Hemos elaborado un plan para la enseñanza de esta filosofía a los 500.000 hombres y mujeres jóvenes que se gradúan de las escuelas de negocios anualmente, mismos que se convertirán en los líderes de negocios e industrias del mañana. También estructuramos un plan para enseñar a los graduados de nivel bachillerato y universidades.

Este es el tipo de servicio que vamos a llevar a cabo sin la intención de obtener beneficios comerciales, porque nos hemos damos cuenta que la enorme deuda que esta generación está acumulando para que las generaciones posteriores tengan éxito, es tan grande - una deuda que consiste en mucho más que solamente dinero - que puede llegar a destruir el modo de vida americano, a menos que las personas hagan a un lado la codicia y el egoísmo y vuelvan, una vez más, a la simple regla de vida establecido por Jesús en el Sermón de la Montaña, una norma que hemos racionalizado y encarna el principio de Ir el Kilómetro Extra.

La Práctica es lo Mejor

El Dr. Jacobs cree que la mejor manera de enseñar cualquier regla es ¡poniéndola en práctica! Por eso se ha lanzado a la tarea de ayudar a difundir la Filosofía del Logro Americano, aunque ello implique mucha inversión de tiempo y energía. Él está convencido que los jóvenes de América tienen derecho a "romper" con la gente de esta generación que solo está acumulando obligaciones para el futuro, y lo demuestra con acciones, no solo con palabras.

Estamos viviendo en un mundo que está enfermo, pero no hay nada malo en ello que no se pueda curar, de la noche a la mañana, siempre y cuando la gente deje el mal hábito de tratar de obtener algo por nada y comience la buena costumbre de Ir el Kilómetro Extra, con ese mismo afán y espíritu que recomendara el mayor filósofo de todos los tiempos. Los infortunados franceses descubrieron esto, pero no lo suficientemente pronto. Aprovechemos de su fracaso, no tratando de superarnos unos a otros en nuestras ambiciones personales, sino haciendo caso a la advertencia que un gran filósofo alguna vez dijera: "Ayuda a que el barco de tu hermano alcance la orilla, y es seguro que el tuyo también lo alcanzará."

Articulo extraído de *Greenville Piedmont*, Agosto 5 de 1941.

¡Prepárese Para el Éxito!

La Salud, la Felicidad, y la Riqueza Pueden Ser Suyas—Si Sabe lo que Quiere

por Napoleón Hill y W. Clement Stone

Conozca a la persona viva más importante! En algún lugar de este articulo, usted la conocerá - repentinamente, en forma asombrosa y con una sensación de reconocimiento que cambiará toda su vida. Cuando la conozca hallará su secreto. Descubrirá que lleva un talismán invisible con las iníciales AMP (Actitud Mental Positiva) grabadas en una cara y las iníciales AMN (Actitud Mental Negativa) en la otra.

Este talismán invisible posee dos poderes sorprendentes: posee la facultad de atraer la riqueza, el éxito, la felicidad y la salud; y tiene también la facultad de repeler estas cosas, privándolo a usted de todo aquello que hace que la vida valga la pena vivirla. La primera de estas facultades, o sea, la AMP, es la que permite que algunos hombres se eleven hasta la cumbre y permanezcan allí. Y la segunda es la que hace que otros se queden en el fondo durante toda su vida. La AMN es la que derrumba a algunos hombres desde la cima cuando ya la habían alcanzado.

Seguramente la siguiente historia de S. B. Fuller le ilustre mejor acerca de su funcionamiento.

"Somos Pobres... No Por Culpa De Dios." S. B. Fuller era uno de los siete hijos de un agricultor negro de Luisiana. Empezó a trabajar a la edad de cinco años. A los nueve ya arreaba mulas. Eran familias que aceptaban la pobreza como su destino y no aspiraban a más.

El joven Fuller era distinto a sus amigos en un sentido: tenía una madre extraordinaria, una mujer que se negaba a aceptar esta precaria existencia para sus hijos, pese a que ella no había conocido otra cosa. Era una madre que solía hablar con su hijo acerca de sus sueños.

"No deberíamos ser pobres," Le solía decir a su hijo. "Y quiero que nunca te oiga que digas que somos pobres por voluntad de Dios. Somos pobres... no por culpa de Dios. Somos pobres porque tu padre jamás tuvo el deseo de ser rico. Nadie en nuestra familia ha tenido jamás el deseo de ser algo más en la vida."

Nadie había tenido *el deseo* de ser rico. Esta idea quedó grabada tan profundamente en la mente de Fuller, que cambió toda su vida. Empezó a querer ser rico. Llegó a la conclusión de que el medio más rápido de ganar dinero consistía en vender algo. Eligió el jabón. Se pasó doce años vendiéndolo de puerta en puerta. Un día averiguó que la empresa que le proporcionaba el producto iba a ser subastada. El precio de venta de la empresa era de 150.000 dólares. En doce años de ventas y de ahorro, había logrado reunir 25.000 dólares. Negoció un acuerdo, mediante el cual depositaría esos 25.000 dólares y obtendría los 125.000 restantes en un plazo de diez días. En el contrato figuraba una cláusula según la cual perdería el depósito en caso de no lograr reunir el dinero.

En el lapso de sus doce años como vendedor de jabón se había ganado el respeto y la admiración de muchos comerciantes. No dudó en acudir a ellos. Obtuvo también dinero de algunos amigos personales y de compañías de préstamos y grupos de inversión. La víspera del décimo día había logrado reunir 115.000 dólares. Pero aún le faltaban 10.000.

En Busca de la Luz. Recuerda Fuller que ya "Había agotado todas las fuentes de crédito que conocía," y agrega, "Caía ya la noche y en la oscuridad de mi habitación, me arrodillé y empecé a rezar. Le pedí a Dios que me condujera a una persona que me prestara a tiempo los 10.000 dólares que me faltaban. Me dije a mí mismo que bajaría con mi automóvil por la calle sesenta y uno hasta que viera la primera luz de un establecimiento comercial. Le pedí a Dios que hiciera que aquella luz fuera un signo que me indicara su respuesta."

Eran las once de la noche cuando S. B. Fuller empezó a bajar por la calle sesenta y uno de Chicago. Finalmente, tras recorrer varias manzanas, vio una luz en el establecimiento de un contratista.

Entró. Y allí, sentado junto a su escritorio, cansado de trabajar hasta muy tarde, se encontraba un hombre a quien Fuller apenas conocía. De inmediato Fuller comprendió que tendría que ser valiente.

"¿Quiere ganar 1.000 dólares?", le preguntó Fuller.

El contratista se sorprendió por la pregunta, y contestó, "Por supuesto que sí."

"En tal caso, extiéndame un cheque por un valor de 10,000 dólares y, cuando le devuelva el dinero, le entregaré los 1,000 dólares de ganancia que le corresponde", recuerda Fuller haberle dicho al hombre. Le proporcionó al contratista los nombres de las demás personas que ya le habían prestado dinero antes y le explicó exactamente y con todo detalle en qué consistía el negocio en el que incursionaría.

Exploremos su Secreto del Éxito. Antes de que terminara aquella noche, S. B. Fuller ya tenía en el bolsillo un cheque por valor de 10.000 dólares. Actualmente posee intereses no únicamente en esa empresa sino también en otras siete, incluidas cuatro fábricas de cosméticos, una fábrica de calcetería femenina, otra de etiquetas y un periódico. Cuando hace poco le pedimos que explorara con nosotros el secreto de su éxito, nos respondió con las mismas palabras que él había escuchado de labios de su madre muchos años atrás:

"Somos pobres... no por culpa de Dios. Somos pobres porque tu padre nunca tuvo el deseo de ser rico. Nadie en nuestra familia ha tenido jamás el deseo de ser alguien en la vida."

"Bueno, nos dijo, en realidad yo sabía lo que quería, pero no sabía cómo conseguirlo. Por consiguiente, leí la Biblia y libros motivacionales para alcanzar mi objetivo. Pedí en mis plegarias el conocimiento necesario para alcanzar mis metas. Cuando sabes lo que quieres, estás en posibilidad de reconocer ese deseo cuando lo haces realidad."

S. B. Fuller llevaba consigo el talismán invisible con las iniciales AMP grabadas en una cara y AMN en la otra. Fuller colocó hacia arriba la cara de la AMP y empezaron a ocurrirle cosas sorprendentes. Pudo convertir en realidad unas ideas que antes no habían sido más que simples sueños. En estos tiempos y en este país sigue usted gozando del derecho personal a poder decir: "Eso es lo que yo elijo. Eso es lo que yo quiero obtener." Y, a menos que su objetivo sea contrario a las leyes de Dios o de la sociedad, estará en condiciones de alcanzarlo. Aquello que busque depende de usted. No a todo el mundo le gustaría ser un S. B. Fuller, responsable de grandes fábricas. No a todo el mundo le gustaría pagar el elevado costo que lleva consigo el hecho de ser un gran artista. Sin embargo, ya sea que el éxito signifique para usted hacerse tan rico como S. B. Fuller, o equivalga a lo mismo que descubrir un nuevo elemento químico, la creación de una obra musical, el crecimiento de una rosa o la educación de un niño; independientemente de lo que el éxito signifique para usted, el talismán con las iniciales AMP grabadas en una cara y AMN grabadas en la otra le ayudará a lograrlo.

Ahora tomemos la historia de Clem Labine. Él es mejor conocido en el mundo del béisbol como un lanzador muy popular por las famosas curvas que imprime en sus lanzamientos.

Cuando Clem era un niño, se rompió el dedo índice de su mano derecha. Se curó, pero quedó un hueco permanente entre la primera y la segunda articulación. Parecía que para Clem este era el fin de su sueño de una fructífera carrera en el béisbol.

Cada adversidad trae consigo la semilla de un beneficio mayor. "No estés tan seguro", le dijo su entrenador a Clem. A veces las cosas que parecen ser un desastre resulta que traen consigo una bendición oculta. Se dice que la adversidad tiene la semilla de un mayor beneficio."

Clem tomó el consejo de corazón. Pronto descubrió que tenía un muy buen brazo para los lanzamientos y que al dedo torcido le podía dar un buen uso. Esto le permitió efectuar lanzamientos de pelota con curvas que poseían un toque y un giro que ningún otro lanzador de su equipo tenía. Año tras año, trabajó para desarrollar ese giro, hasta que se convirtió en uno de los mejores lanzadores de hoy en día.

¿Cómo logró esto? A través de su habilidad natural, de trabajar duramente, y – lo más importante – mediante un cambio de actitud mental. Clem Labine había aprendido a mirar el lado bueno de su desafortunada situación. Utilizó su talismán invisible, usando la cara de la AMP, atrayendo así el éxito a sí mismo con esa actitud.

Un hombre de 25 años tiene por delante unas 100.000 horas de trabajo si se retira a los 65. ¿Cuántas de esas horas laborales estarán influenciadas por la fuerza de la AMP? ¿Y cuántas de ellas sufrirán los estragos y demoledores golpes de la AMN?

Conozca a la persona viva más importante. El día que reconozca en usted mismo la AMP ¡será el día en que justamente se topará con esa persona más importante! ¿De quién se trata? ¿Por qué decimos que la persona viva más importante es usted, en lo que se refiere a su propia vida? Eche un vistazo al interior de usted mismo. ¿A poco no es verdad que lleva consigo un talismán invisible con las iniciales AMP adornadas por un lado y por el otro las siglas AMN? El talismán es su mente. Y la PMA es su Actitud Mental Positiva.

Una Actitud Mental Positiva está compuesta en general por las características "positivas" simbolizadas por palabras tales como la fe, la integridad, la esperanza, el optimismo, la valentía, la capacidad de iniciativa, la generosidad, la tolerancia, el tacto, la amabilidad y el sentido común.

La NMA es una actitud mental negativa. Tiene características opuestas, y son fuerzas muy poderosas. Su éxito, la salud, la felicidad y la riqueza dependen directamente de la forma como utilice su talismán invisible.

¡Piense en ello! Piense en esa gente que va a la deriva sin rumbo fijo a través de la vida, mostrando signos de descontento, luchando contra muchas cosas, pero sin un objetivo claro. ¿Puede usted indicar, en este momento, qué es lo que quiere de la vida? Determinar sus objetivos puede no ser fácil. Incluso puede implicar un poco de autoexamen doloroso. Pero valdrá la pena todo el esfuerzo que implique, porque tan pronto como usted pueda establecer su meta, disfrutará de muchas ventajas que llegarán a su vida casi automáticamente.

1. La primera gran ventaja es que su mente subconsciente comienza a trabajar bajo una ley universal. *"Lo que la mente puede concebir y creer - la mente lo puede lograr."* Y considerando que ya ha visualizado su destino, su mente subconsciente es influenciada por esta autosugestión. Comienza a trabajar para ayudarlo a que alcance su objetivo deseado.

2. Debido a que ya sabe lo que quiere, hay una tendencia para que usted avance en el camino correcto y en la dirección adecuada. De este modo, usted entra en acción.

3. A partir de ese momento el trabajo se vuelve divertido. Está motivado para pagar el precio. Usted presupuesta su propio tiempo y dinero. Estudia, piensa, y planea. Cuanto más piensa en sus metas, más entusiasta se vuelve. Y con ese entusiasmo su deseo se convierte en un *deseo ardiente.*

4. Como resultado, se pone alerta ante las oportunidades que le ayudarán a lograr sus objetivos conforme se manifiesten en sus experiencias cotidianas. Y ya que usted sabe lo que quiere, es más probable que reconozca esas oportunidades.

Cuando usted tiene una actitud mental positiva, los problemas de su mundo tienden a inclinarse ante usted. La recompensa es el éxito, la salud, la felicidad, y la riqueza.

Artículo de la Revista *Chicago Sunday Tribune*, Junio 19 de1960, pp. 37 a 39.

Discípulo del Sr. Carnegie Afirma que Él es....

El Hombre que Ha Ayudado a Millones de Personas a Ganar Millones de Dólares

por Ray Castle

La modestia no es obviamente uno de los 17 principios de la "Ciencia del Éxito" que le ha permitido al Dr. Napoleón Hill acumular una gran fortuna. Pues él admite que, además de volverse millonario, ha ayudado también a millones de personas a convertirse igualmente en millonarios.

Para nada un mal historial ¿Verdad?

Después de mi charla con el Dr. Hill, lo cierto es que no estoy mucho más lejos en mi camino de hacer mi primer millón.

Sin embargo, el Dr. Hill, un estadounidense que afirma haber hecho su primer millón de dólares antes de cumplir los 21 años, está aquí para difundir su filosofía del éxito.

Anoche les dio algunas pistas a los miembros del Club Sydney Vizor, que, como su nombre lo indica, es un grupo de recuerda los grandes tiempos de la caballerosidad.

En primer lugar, nos gustaría saber ¿por qué le pusieron el nombre de Napoleón?

Padres Esperanzados

Sus padres estaban esperanzados que al ponerle el mismo nombre de un tío multimillonario, éste depositara su confianza en el sobrino. Sin embargo, todo finalmente quedo en solo haber heredado el nombre del tío.

"Pero," Afirma Napoleón, tal y como lo mencioné al principio de esta columna, "Siento que he ido más allá de lo que logró mi tío. Porque no sólo he hecho dinero para mí, sino he ayudado a millones de personas a convertirse también en millonarios."

¿Cómo?

Bueno, parece ser que como reportero de un diario a la edad de 19 años conoció al rico industrial Andrew Carnegie, que, en 1908, le asignó el encargo de escribir una filosofía basada en sus propios principios del éxito que le permitieron acumular su vasta fortuna.

Carnegie se hizo cargo de los gastos del joven Hill en los siguientes veinte años, durante los cuales entrevistó a destacados personajes como Henry Ford, Theodore Roosevelt, Elbert Hubbard, Luther Burbank, Woodrow Wilson, el Dr. Frank Crane y otros 500 gigantes de la época, con el fin de probar la filosofía de acuerdo a sus propias experiencias de éxito.

Napoleón el emprendedor, por su parte, aprovechó estos principios del éxito, para convertir una compañía de gas natural de su hermano en un negocio de un millón de dólares.

Y la Ley del Éxito, que consta de ocho volúmenes, se convirtió así en un gran éxito cuando se publicó en 1928.

Desde entonces el Dr. Hill ha publicado seis libros, de los cuales el más conocido es el que lleva por título *Piense y Hágase Rico*.

En caso de que el título pudiera ser demasiado provocativo para aquellos que son perezosos, el autor está reflexionando en modificar el titulo para ellos y llamarlo: *Duerma y Hágase Rico*.

Todo esto puede sonar gracioso, pero es la historia de la forma en que el Dr. Hill ha edificado todo un corporativo privado con ganancias de 120.000 libras al año.

Al "Doctor" Hill lo han galardonado en Estados Unidos con dos títulos honoríficos – en los campos de la literatura y la filosofía.

El secreto de Hill para mantenerse en la cúspide es simple: tener intensa actividad, nada de médicos o medicamentos;

vida simple y comidas sencillas. Y tampoco nada de exceso en todos ellos.

Como toque final de este modesto dinamo humano de 77 años, afirma: "Podría retar a cualquier joven a una carrera de tres vueltas alrededor de una calle."

"Estoy seguro que llegaría a la meta muy tranquilo viendo a mi contrincante llegar con la lengua de fuera."

Tomado del *The Daily Telegraph,* Marzo 22 de 1960.

El Autor, Antiguo Asesor de Presidentes

por T. H. Helgeson

A los 82 años, el Dr. Napoleón Hill se inclina hacia adelante con entusiasmo cuando habla, mirando de frente y directamente a los ojos, y habla de su trabajo con pasión, como si fuera un hombre de 25. Aunque para el Dr. Hill, a esta fase de su vida la llama "La tarde de mi existencia," en realidad su vida es de una naturaleza palpitante y fascinante.

El autor de numerosos libros, entre ellos, *Piense y Hágase Rico*, con millones de lectores en todo el mundo, ha sido asesor presidencial de dos presidentes de los Estados Unidos y hombre de confianza de algunos de los más grandes hombres de este siglo, y su vida en general ha girado en torno a las siguientes 12 palabras:

"Lo que la mente humana puede concebir y creer, lo puede lograr."

Esto constituye el núcleo de la Filosofía del Dr. Hill; una filosofía, según él, que representa los frutos de la experiencia adquirida de los hombres más importantes de este siglo.

Con una "historia de éxito" en sí mismo, el Dr. Hill nació en una cabaña de una sola habitación en el suroeste de Virginia y fue hasta los 12 años que pudo tener por fin un par de zapatos.

En sus años mozos fue reportero de un periódico mientras asistía a la escuela de derecho en la Universidad de Georgetown en Washington DC, y esa actividad le permitió al Dr. Hill comenzar una aventura única y fascinante en el año 1908, lo que le traería fortuna y lo colocaría en íntimo contacto con más de los 500 hombres más ricos y productivos del mundo.

Como reportero fue comisionado para escribir una serie de historias de éxito de una revista y su primera misión fue entrevistar al magnate del acero Andrew Carnegie.

La Entrevista a Carnegie

La entrevista programada para tres horas con Carnegie se prolongó hasta por tres días y noches de duración. El magnate encantó y sedujo al joven reportero con la idea de organizar una filosofía en torno a los principios del éxito, que el mismo Carnegie había empleado para amasar su inmensa fortuna.

Al término de la agotadora entrevista, Carnegie le preguntó a Hill si estaría dispuesto a dedicar 20 años de su vida a descubrir y definir las motivaciones y los factores subyacentes que determinan el éxito individual. Veintinueve segundos después de formulada la pregunta, Hill había aceptado gustosamente.

Más tarde el Dr. Hill se enteró de que Carnegie habría retirado la oferta si hubiera tardado otros 31 segundos más en responder.

A medida que pasaron los años, el Dr. Hill habló extensamente con hombres como Carnegie, Thomas A. Edison, Henry Ford, James J. Hill, Theodore Roosevelt, William Jennings Bryan, John D. Rockefeller, FW Woolworth, Clarence Darrow, Woodrow Wilson, Luther Burbank, Alexander Graham Bell, y una multitud de otras personalidades dinámicas de gran éxito.

Durante una entrevista dominical, el Dr. Hill platicó de los principios que tenían en común esas figuras de renombre, destacando sus "obligaciones" que eran "la firmeza de propósito" y el "principio de la Mente Maestra."

El Dr. Hill define a la "Mente Maestra" en la obra *Piense y Hágase Rico*, como "la coordinación del conocimiento y el esfuerzo, en un espíritu de armonía, entre dos o más personas, para el logro de un propósito definido." Básicamente, "La Mente Maestra " es la simple utilización de los recursos humanos inherentes.

El Dr. Hill quedó intrigado con Edison, el gran e infatigable inventor. Hill comenta que, durante su entrevista, Edison le mostró un diario de fallas que guardaba de varios inventos abortados, mismos que apilados median por encima de sus cabezas.

Edison le dijo: "Es que me obsesioné con tener éxito, después de tantos fracasos que tuve con inventos que no funcionaron antes."

Franklin D. Roosevelt y Woodrow Wilson

El Dr. Hill fue asesor de los presidentes Woodrow Wilson y Franklin Delano Roosevelt y acuñó la frase "No tenemos nada que temer más que al miedo mismo," que se convirtió en el sinónimo de la administración de Roosevelt.

Fue por sugerencia del Dr. Hill, que FDR comenzó sus altamente exitosas "charlas informales" durante la Segunda Guerra Mundial.

La vida del Dr. Hill, que él dice ha sido "meteórica", también ha quedado marcada por lo inusual.

En 1909, cuando todavía era un reportero novato, Hill se convirtió en el primer "hombre común" de la historia en volar cuando abordó un avión construido por los hermanos Wright y voló por Orville Wright.

El Dr. Hill relata que había sido enviado junto con un grupo de reporteros a cubrir uno de los vuelos de los hermanos Wright que estaba haciendo historia. Los hermanos estaban negociando la venta de uno de sus aviones a la Marina de los Estados Unidos. Pero las estipulaciones del contrato de preventa exigían que el avión volara a Washington DC y que llevara un pasajero a bordo.

El Pasajero

Fue el Dr. Hill el elegido para ser el pasajero a bordo, según él, porque era el hombre más ligero del grupo.

"Cuando aterrizamos," relata Hill, "Tuve para levantar mis pies, porque iban colgados en la parte baja del avión y tuve que hacerlo porque de lo contrario se arrastrarían al aterrizar."

Los hermanos Wright, indudablemente, se quedarían impactados si vieran los últimos avances de la aviación. "Ellos sólo querían inventar una máquina capaz de volar un poco y tal vez llevar dos o tres pasajeros." El interés actual del Dr. Hill está enfocado en difundir los credos de su filosofía en las cárceles, pues es allí, entre los "olvidados y sin esperanza", en donde él cree que está su mayor desafío. Él llama a esta obra su "ministerio". "La vida misma", dijo, "es una cuestión de vida equilibrada." "Cualquiera", él afirma, "puede tener éxito." Y el éxito "significa ser capaz de obtener de la vida todo lo que se desea sin tener que infringir los derechos de las demás personas."

En los últimos años, el Dr. Hill se ha involucrado en gran medida con un proyecto de empresa educativa sin fines de lucro llamada Fundación Napoleón Hill.

A través de la fundación, él y sus socios difunden las ideas que subyacen en la filosofía de su obra *"Piense y Hágase Rico"*.

La mayor parte de la obra del doctor Hill la realiza en su casa, en la cima de la montaña Ferris en Carolina del Sur. Su último libro, *Hágase Rico con Paz Mental*, se publicará este otoño.

Cuando se le pide que describa su propia historia de éxito, él, simple y tajantemente responde, "he aprendido a que mi mente sea receptiva a las ideas."

Nota del editor: El Dr. Napoleón Hill, impartirá una conferencia en la Casa Comunitaria Loveland , 513 Second St., a las 8 pm del martes próximo. Su presentación está patrocinada por la Academia Napoleón Hill, que cuenta con oficinas regionales en Salem.

Tomado del *Dixon Evening Telegraph, Lunes*, Mayo 2 de 1966, p. 11.

Parte II
Miami Daily News

Serie de la Ciencia del Éxito

Junio y Julio de 1956

por Napoleón Hill

"La gratitud es una palabra hermosa. Es hermosa, porque describe un estado mental que es profundamente espiritual en su naturaleza. Mejora nuestra personalidad con un encanto magnético, y es la llave maestra que abre la puerta a los poderes mágicos y a la belleza de la Inteligencia Infinita."

La Cortesía Ayuda
A Ganar Liderazgo

L a cortesía es quizás el único rasgo por el cual el hombre se identifica a sí mismo como un ser civilizado. Realmente, es el signo cotidiano que lo identifica como ser humano. El animal no tiene ninguna consideración por sus compañeros. Tampoco, por cierto, lo tuvo el hombre en su estado primitivo. Uno de los primeros signos de la naciente civilización se produjo cuando los hombres comenzaron a establecer normas de conducta entre ellos

Por la misma razón, cuanto más avanzada es la civilización, es mayor el grado de cortesía, amabilidad y consideración que sus miembros se demuestran mutuamente. Consideremos, por ejemplo, las manifestaciones muy elaboradas de cortesía que caracteriza a culturas antiguas como la china, la romana, o la japonesa.

La cortesía es el signo externo de la actitud de una persona hacia los demás.

A través de ella, usted puede demostrar su obediencia a los mandamientos "amaos los unos a los otros." Y mediante la cortesía, se demuestra el respeto, la estima y el aprecio que se tiene hacia las personas con quienes entra en contacto.

Mostrar Respeto por uno Mismo

Es muy importante que usted demuestre respeto por sí mismo.

La educación es el ritual por el cual se expresa la cortesía. Sus normas y modos - la reverencia y quitarse el sombrero al saludar - varían según la época, el país y la cultura que se trate.

Las Normas no Cambian

Las normas de cortesía en sí no cambian nunca. Son constantes e infalibles.

Pero, ¿Qué tiene todo esto que ver con usted y sus sueños de éxito?

A través de la cortesía, usted demuestra su nivel de civilización y cultura. Sólo las personas más avanzadas, los más civilizados y cultos, tienen derecho a considerarse calificado para guiar a otros.

La educación y la cortesía - lejos de ser un signo de servilismo - muestran que usted tiene la consideración y preocupación por el alto valor e importancia de cada persona que conozca.

Schwab un Ejemplo

Un día le preguntaron a Andrew Carnegie de que manera Charles M. Schwab llegó a convertirse en su mano derecha, y con un gran sueldo.

"En primer lugar," respondió Carnegie: "eso no sucedió de la nada."

"Charlie hizo con méritos que eso ocurriera debido a su ilimitada capacidad para ganarse a la gente por su forma de pensar y actuar, a través de la cortesía y educación."

El tacto y la cortesía están tan entrelazados que será nuestro próximo tema de discusión en nuestra Serie de la Ciencia del Éxito.

Mientras tanto, comience a trabajar desde hoy para hacer de la cortesía un sello de su carácter.

Ese sello lo identificará a usted como una persona que se dirige hacia el éxito - y que seguramente lo logrará.

Tener Tacto le Ayudará a Lograr sus Objetivos

Tener tacto es el arte de superar barreras. Mediante su uso usted puede convertir los obstáculos en trampolines hacia el éxito. El tacto requiere de la reflexión, buen juicio y capacidad de tomar decisiones rápidas "con los pies bien puestos en el suelo", por así decirlo.

Con su ayuda, usted puede decir las cosas de tal manera que los demás puedan escucharlo y hacer las cosas de la manera que ellos no se molesten por lo que usted haga.

Note, por favor, que esto no quiere decir que usted deba decir lo que los demás quieran oír, ni hacer las cosas que ellos quieran que usted haga. Hay una considerable diferencia.

El tacto y la sinceridad de propósito son gemelos inseparables - prácticamente gemelos siameses, ya que no es posible encontrar uno con la ausencia del otro.

Casi toda la vida es una cuestión de dar y recibir. Y usted encontrará que puede hacer un mejor trato para usted si desarrolla su capacidad de tener tacto como el medio más eficaz de negociar su futuro en la vida.

Cualquiera puede convertirse en una persona con tacto. Es simplemente una cuestión de moderación y discreción al poner la razón y la lógica por delante de la emoción y de tratar de prever el impacto que sus palabras y acciones tendrán sobre los demás.

Demostrar tacto es más fácil para usted si aprende a formularse las siguientes preguntas antes de hablar en situaciones importantes:

"Supongamos que yo fuera la otra persona - ¿Qué me gustaría escuchar de lo que estoy a punto de decir - qué palabras querría oír para suavizar el significado? ¿Cómo puedo convertir el significado en algo que la otra persona desee escuchar?"

En cada situación el factor más variable será la otra persona. Usted debe ser capaz de juzgar su carácter y personalidad con rapidez y precisión antes de decidir sobre un curso de palabras o acciones. Una misma situación que involucre a diferentes personas puede requerir de diferentes soluciones completamente.

El tacto, por ejemplo, fue la única herramienta que el fallecido Dr. William Harper, presidente de la Universidad de Chicago utilizó para conseguir el millón de dólares, que requería para un nuevo edificio del campus, y que obtuvo de una persona que era especialmente difícil de abordar para aportar donativos.

Enterarse por parte de esta persona de una petición contundente hubiera dado por resultado el rechazo inmediato, El Dr. Harper estudió a su hombre con cuidado. Se enteró que, además de ser muy rico, era alguien con una larga lista de adversarios en los negocios a quienes gustaría desbancar.

"Quiero decirle," le dijo Harper al hombre, "que me tomé la libertad de poner su nombre en la lista de nominados que nos harán el honor de donarnos un nuevo edificio para el campus. Los administradores elegirán el donante mañana.

"¿Qué le hace pensar que quiero ese honor?," Preguntó el hombre.

Disponer de Otros Nombres Ayuda

"Tal vez tenga razón", dijo Harper, preparándose para salir. "Gracias por su tiempo. Tenemos otros cuatro nombres para esa candidatura de todos modos."

Las cuatro personas a las que se refería incluían a uno de los rivales más acérrimos del hombre. Al saberlo, el hombre de negocios se sorprendió.

"¿Podría usted gestionar para que pudiera hablar con los administradores antes de votar", preguntó el hombre. El Dr. Harper le respondió afirmativamente.

Como resultado, el hombre apareció al día siguiente con un cheque de $ 1.000.000 en la mano, pidiendo la oportunidad de aportar el dinero. Por supuesto, los administradores se dejaron convencer fácilmente.

También puede recurrir al tacto para despertar en los demás el ardiente deseo de que lo ayuden a lograr sus metas.

Ofrezca una Mano Amiga a los Menos Afortunados

Algunas personas piensan que es imposible ganar dinero - lograr el éxito – sin privar a otros de su propio éxito. Nada podría estar más lejos de la verdad. Las fortunas verdaderamente grandes lo han logrado amasar hombres dotados con la visión y el coraje necesario para crear un mejor servicio o producto, que a su vez, generara puestos de trabajo, oportunidades de inversión, ventas y riqueza para grandes grupos de personas.

Sin embargo, el sistema económico americano está basado - y con razón - en la libre competencia.

Para tener éxito, debe aprender a conducirse correctamente bajo condiciones de competencia, ya sea entre personas, empresas, productos y servicios.

Usted debe llevar a esos escenarios los mismos altos estándares de conducta que son aplicables en el ámbito deportivo.

Ayude a Otros Compañeros

Recuerde en primer lugar que nadie escala el éxito subiéndose en los hombros de los demás. Sosténgase en sus propios méritos y en sus propias contribuciones.

Elbert Hubbard escribió una vez: "Hay muchas cosas buenas en lo peor de nosotros y tanto mal en lo mejor de nosotros, que no vale la pena afectar a cualquiera de nosotros para hablar mal de los demás."

"Si le causa daño a alguien, no lo comente", dijo Hubbard. "Escríbalo - en la arena cerca de una orilla del agua."

El espíritu deportivo es una cualidad positiva y no pasiva.

En lugar de simplemente abstenerse de patear a los demás cuando han caído en la desgracia, ofrézcales su mano para que se vuelvan a poner de pie.

Su actitud debe ser la misma en la victoria o en la derrota. Quien renuncia nunca gana y el ganador nunca abandona.

El Verdadero Espíritu Deportivo

Es en los momentos de adversidad más oscuros cuando el verdadero competidor muestra el mayor valor y espíritu de lucha. Y en el rubor de la victoria demuestra la mayor preocupación por los que dejó atrás en la carrera.

La marca del verdadero líder se denota no tanto en su mayor valor, fuerza o inteligencia que demuestre, sino en su preocupación por los menos favorecidos afectados por la naturaleza o las circunstancias.

Usted puede demostrar su capacidad - y su derecho - a guiar a otros a poner en práctica el espíritu deportivo necesario para transformar su trabajo en algo más fácil y su existencia en algo más cómodo.

Recuerde que al allanar el camino de los demás, para alcanzar el éxito, aprende de los golpes que esta experiencia deje en los otros para su propio provecho también.

Art Linkletter – un famoso personaje de la radio y televisión – nos muestra un fino ejemplo al respecto.

Apoyo Retribuido

Además de su muy ocupada carrera en el entretenimiento, Linkletter tiene en sus manos, literalmente, decenas de pequeñas empresas, que han ayudado a otras personas mediante inversiones, tiempo, esfuerzo, consejos - y aliento.

Como resultado, él tiene intereses - y está recibiendo beneficios también de - diversos productos y servicios como el revelado de fotos, fabricación de cámaras de televisión, minas de plomo, un boliche y una pista de patinaje.

Las personas a las que ayudó a formar estas empresas saben que Linkletter es un verdadero líder.

¡Usted puede convertirse en este mismo tipo de líder a través de un dinámico espíritu deportivo.

No se limite a extender una mano como símbolo de amistad a los demás.

Transforme ese saludo en una mano de ayuda.

La Gratitud Sincera
Deja Dividendos

Muchas mujeres y hombres de éxito afirman haberse "hecho a sí mismos por si solos." Pero el hecho es que no se llega a la cima sin alguna ayuda de por medio.

Una vez que ha establecido el objetivo principal para el éxito - y tomado los primeros pasos para lograrlo – desde ese momento usted está recibiendo ayuda de muchos lugares inesperados.

Por lo tanto, sea agradecido tanto de los seres humanos como de la ayuda divina que recibe.

La gratitud es una palabra hermosa. Es hermosa porque describe un estado mental que es profundamente espiritual en su naturaleza. Mejora nuestra personalidad con un encanto magnético, y es la llave maestra que abre la puerta a los poderes mágicos y a la belleza de la Inteligencia Infinita.

La gratitud, como otros rasgos de la personalidad agradable, es simplemente una cuestión de hábito. Pero también es un estado mental. Cuando usted no expresa su gratitud con sinceridad, sus palabras serán huecas y vacías - y suenan tan falsas como el sentimiento que ofrece.

Agradezca Diariamente

La gratitud y la amabilidad son muy semejantes. Fortalezca su sentido de gratitud, y por consiguiente su personalidad será más cortés, plausible y graciosa.

No deje pasar un solo día sin dedicar unos cuantos minutos para agradecer sus bendiciones. Recuerde que la gratitud es una cuestión de comparación. Compare las circunstancias y acontecimientos que está disfrutando contra lo que pudo haber sido. Se dará cuenta que sin importar lo mal que estén las cosas, podrían ser mucho peor - y agradezca porque no sea así.

Tres frases debería ser parte de nuestro vocabulario cotidiano. Ellas son: "Gracias." "Se lo agradezco", y "Aprecio su apoyo...."

Sea reflexivo. Trate de encontrar formas nuevas y únicas de expresar su gratitud. No necesariamente lo debe hacer a través de regalos materiales, su tiempo y esfuerzo suelen ser más valorados, y no escatime en ellos al demostrar su agradecimiento, ya que son detalles muy bien recibidos.

Agradezca a los Que Estén Cerca de Usted

Y no se olvide de agradecer a los que estén más cerca de usted - su esposa o esposo, otros parientes, y aquellos con quienes se relacione cotidianamente, que suelen ser las personas allegadas de quienes más fácilmente nos olvidamos. Posiblemente les deba más de lo que se imagina.

La gratitud adquiere un nuevo significado - una nueva vida y energía – cuando se agradece diciéndolo en voz alta. Es probable que su familia sepa de lo agradecido que usted está con ellos por su fe y esperanza depositados en su persona. Pero ¡dígaselos! Al hacerlo, usted encontrará un nuevo espíritu que se impregna en el hogar.

Haga que su gratitud sea creativa. Haga que trabaje para usted.

Por ejemplo, ¿alguna vez ha pensado en escribirle a su jefe una nota expresándole cuánto le gusta su trabajo y lo agradecido que está por las oportunidades que recibe? El impacto de ese gesto de tanta gratitud creativa es seguro que llamará su atención – e incluso, hasta podría traer un aumento de sueldo. La gratitud es contagiosa. Seguramente él entenderá el mensaje y encontrará formas concretas de expresar su agradecimiento por los buenos servicios que está prestando.

Recuerde que siempre hay algo por lo que hay que agradecer. Incluso el cliente que rechaza a un vendedor debe agradecérsele por el tiempo que pasó escuchándolo. Seguramente, mediante ese gesto, él estará más dispuesto a comprar la próxima vez que toque a su puerta.

La gratitud no cuesta nada. Y es una valiosísima inversión para el futuro.

Ayudando a los Demás También se Ayuda a Si Mismo

Todos hemos conocido a personas de éxito que afirman que por sí solos "Llegaron a la cúspide " En realidad no hay tal cosa, ningún hombre o mujer "logra su éxito" sin ayuda de nadie. Las personas que hacen tales afirmaciones sólo demuestran su ingratitud en su ambición por ganar dinero.

Toda persona que llega a la cima recibe a lo largo de su trayectoria el apoyo y empuje de los demás. La simple ley del juego limpio nos compromete a realizar lo mismo con los demás cuando triunfamos.

El punto decisivo en mi carrera, por ejemplo, se produjo cuando Andrew Carnegie me aconsejó comenzar la organización de la Ciencia del Éxito como una filosofía definitiva del conocimiento - y me ofreció su ayuda y apoyo activo para hacerlo. Ahora estoy transmitiendo lo que he aprendido de la vida en mi investigación y de este modo estoy correspondiendo al pago de la deuda que se creó desde el momento que Carnegie me prestó su ayuda hace tantas décadas.

Usted puede seguir su propia carrera, ayudando a otros a alcanzar sus metas. No hay mayor verdad que este maravilloso epigrama:

"Ayuda a que el barco de tu hermano alcance la orilla, y es seguro que el tuyo también lo alcanzará."

Ningún hombre es más rico que aquel que tiene el tiempo y energía para gastar en ayudar a los demás. Observe, que para nada mencioné al dinero. Eso también nunca está de más para ayudar a los demás, siempre que el presupuesto lo permita. Pero el tiempo y el esfuerzo son aún más preciosos. Y la recompensa de la satisfacción y la autosatisfacción resultantes es proporcional a la inversión.

Una Rica Experiencia

Una de las experiencias más ricas jamás disfrutadas es poder señalar a alguien en la cima del éxito y afirmar: "Yo contribuí a que logrará su éxito."

Sus esfuerzos en favor de una persona menos afortunada no sólo lo recompensa, sino también añade algo de valor incalculable para su propia alma – independientemente de que la persona que recibe su ayuda lo reconozca o agradezca o no. Es un hecho incontrovertible que la naturaleza humana busca el esfuerzo, ya sea en nombre de nosotros mismos o de los demás.

Recuerdo que, cuando era mucho más joven, me esforcé por quedar libre de deudas, y con ello, según yo, libre de obligaciones. O al menos eso creía.

Pero a medida que pasaban los meses, comenzaron las disputas. Me llevó algún tiempo darme cuenta de que estaba equivocado. Era la diversión de la pelea lo que había perdido.

Pero eso no significaba que tuviera que renunciar a mi propia fortuna y empezar de cero otra vez. Me di cuenta de que podía llegar a ser muy divertido ayudar a los demás a pelear sus propias batallas, asumiendo algunas de sus responsabilidades por lo que el camino al éxito fuera más fácil para ellos.

Pude Transformar al Mundo

¡Imagínese cómo se transformaría al mundo si cada uno de nosotros "adoptara" a alguien para ayudarlo en su vida! Y que a su vez, a nosotros nos adoptaran con el mismo propósito.

En cierta forma, eso ya está sucediendo. Pero el sistema, si se me permite llamarlo así, necesita ser mejorado y ampliado como parte del progreso de la humanidad y de la civilización.

En los principios de la humanidad, el hombre conoció la respuesta a su pregunta: "¿Acaso tengo la responsabilidad de cuidar de mi hermano?"

Esta respuesta es más válida que nunca.

Imprima Magnetismo a su Personalidad

Usted, sin lugar a dudas, ha conocido a personas por las que se ha sentido atraído irresistiblemente desde su contacto inicial - personas a las que inmediatamente acepta como amigos y en quienes confía mucho más que el promedio de las personas que trata.

Todos nosotros poseemos magnetismo personal - algunos más que otros, pero todos en algún grado lo tenemos.

El magnetismo personal parece ser una herencia biológica que determina la cantidad de sentimiento emocional – como son el entusiasmo, el amor y la alegría - que generamos y aplicamos en nuestras palabras y acciones.

No podemos aumentar la calidad o cantidad de esta herencia. Pero podemos organizarla y dirigirla para que nos ayude a lograr cualquier objetivo deseado. Y precisamente aquellos que saben hacer eso, a menudo se convierten en los líderes, los constructores, los que actúan y los pioneros que ayudan a progresar en nuestra civilización.

Sea Precavido

Séalo a menudo - pero no siempre. Porque con frecuencia sucede que hay personas que no son dignas de confianza y poseen un gran magnetismo para influir en los demás. Por lo tanto, nos corresponde aplicar una medida adicional de precaución al tratar con esas personas hasta conocer realmente sus intenciones y motivos.

Lo importante, sin embargo, es que usted pueda poner su magnetismo personal a trabajar para usted en lograr el éxito.

Con él, puede obtener la cooperación amistosa de los demás para que lo ayuden a lograr sus metas.

El magnetismo personal se revela principalmente a través de la voz, los ojos y las manos – o sea, mediante los principales medios que tenemos para comunicar nuestros pensamientos e ideas a los demás. Sin embargo, también es muy importante el papel que juegan la postura y la conducta en todo este proceso.

El Potente Entusiasmo

Las palabras que usamos a veces pueden ser muy insignificantes, pero el tono de voz, la fuerza con la que se expresa y el entusiasmo que se emplea pueden ser mucho más poderosos que la lógica y la retórica que transmitan.

Para el caso, cuando una persona posee un alto grado de magnetismo personal no necesita decir palabra alguna para atraer a la gente a su lado.

Un ejemplo destacado a este respecto lo es el reverendo evangelista, Billy Graham.

Él atrae a las almas incansablemente hacia el Creador con el simple gesto de la mirada de sus ojos expresivos, o por medio de alguna frase melodiosa de su voz.

Franklin Delano Roosevelt tenía el mismo poder sobre los demás.

Los Malandrines También Tienen ese Poder

Sin embargo, debo señalar que ese poder también lo tuvieron   Hitler, Mussolini y otros nefastos líderes de la historia.

Si intenta utilizarlo responsablemente, haga que trabaje para usted. Aprenda a usar los ojos, las manos y la voz para exudar confianza en sí mismo, fuerza espiritual y autoridad.

Haga un esfuerzo consciente para mirar a los demás directamente a los ojos, salúdelos estrechando sus manos con firmeza y con gusto, hábleles en tonos placenteros, con un buen volumen y timbre de voz para captar   su interés al dirigirse a ellos.

Ponga en marcha su magnetismo personal y ¡verá lo mucho que puede hacer por usted!

La Clave Espiritual
Para Progresar

U nicamente el demonio se rehúsa a perdonar. El Creador provee los medios para que exista el perdón para todos, vivos o muertos. ¿Se puede dar el lujo de hacer menos que eso?

La palabra de Dios nos exhorta repetidamente a perdonar... a poner la otra mejilla... amarnos unos a otros... y nos dice que la venganza es del Señor y Él pagará.

Las posibilidades de éxito material en la vida de usted dependen en gran medida de su punto de vista espiritual. Entre más positivo sea su pensamiento, mayor será la probabilidad de éxito. El tiempo y el pensamiento que se gasta en las ansias de venganza se desperdician totalmente.

Hay una regla en los negocios que recomienda no invertir para nada dinero bueno al malo. Lo mismo sucede con el esfuerzo y energía que gastamos en intenciones de "venganza", es una inversión que se va el desagüe. ¡Esforcémonos mejor de manera constructiva en sacar adelante nuevos proyectos y objetivos en lugar de a quemar nuestros espíritus melancólicos en causas perdidas!

La Ley de la Compensación

El perdón no significa el pleno consentimiento a la conducta de los demás. Es más positiva y activa que eso. Al perdonar, asumimos parte del pesar que sienten los que nos ofendieron.

Cada vez que perdona a alguien, expande el espacio de su propia alma, porque ese espacio se llena con la acción de generosidad que ha realizado. La ley universal de la compensación se aplica aquí, más que nunca, ya que incluso en nuestras oraciones nos atrevemos a pedir perdón divino sólo en proporción con el perdón que otorgamos a nuestros semejantes.

El perdón es una medicina espiritual que funciona de dos maneras, curando la herida psíquica de la persona ofendida que otorga el perdón, y aliviando la penitencia de quien ha ofendido.

El perdón es el principio fundamental del cristianismo, ordenado para nosotros en el Sermón de la Montaña - "Bienaventurados los misericordiosos..." y "No juzgues, para que no seas juzgado, porque con el juicio con que juzgues, serás juzgado."

La Mejor Regla de Oro

Estos preceptos son totalmente aplicables en este material, así como en nuestra vida espiritual. Es la mejor regla de los negocios, es La Regla de Oro.

La mayoría de los agravios generalmente tienen su causa en malos entendidos. Pocas personas son conscientes del daño que a veces causan a los demás. Muy a menudo nos sentimos en nuestros "derechos" más que en nuestros "deberes". Cada adversidad provocada por otras personas se carga a la cuenta de esas personas.

Puedo dar fe de la siguiente historia – porque lo atestigüe cuando yo era conferencista.

Resulta que un conferencista fue boicoteado por un líder de un pequeño pueblo de Missouri, simplemente porque no le agradaba el patrocinador del evento. Cuando el conferencista se enteró, decidió "tomar represalias" utilizando el dinero que había cobrado por sus servicios, que sumaba varios miles de dólares, para comprar tiempo de radio y permitir que todo el pueblo pudiera escuchar gratuitamente su conferencia. Esta original forma de "devolver el golpe" desconcertó a su oponente, quien gustosamente cambió su actitud y dio su respaldo finalmente al conferencista.

Como resultado se generó un nuevo espíritu constructivo en toda la ciudad. Se logró dejar atrás viejos rencores. Se reavivó el fuego de la cooperación y la amabilidad. En suma, cambió por completo el carácter completo de los habitantes de la ciudad. Esto dio origen a nuevos proyectos, florecieron negocios por todas partes y la comunidad disfrutó de una prosperidad que nunca había conocido antes.

Todos se Benefician de la Competencia

L a sana competencia es el principal motor impulsor de los negocios en nuestro país. Nos inspira a todos a esforzarnos al máximo en nuestro trabajo diario. La naturaleza humana trabaja de tal manera que si no hubiera competencia en los hombres y mujeres no podríamos salir de la oscuridad que caracteriza a la mediocridad.

Tal vez pueda ilustrar de mejor modo este punto mediante la siguiente parábola basada en hechos verídicos.

Norton, Virginia, era un tranquilo pueblo en el cambio de siglo. Los comerciantes - que difícilmente podrían ser llamados de esa manera - pasaban la mayor parte de su tiempo alrededor de estufas de carbón e intercambiando productos con lugareños holgazanes. Los aparadores de sus negocios mostraban más suciedad y telarañas que mercancía, y los clientes a menudo tenían que esperar eternidades para ser atendidos, pues los propietarios siempre se mantenían ocupados entretenidos en juegos de mesa.

Pasó el tiempo y un día llegó al pueblo un vendedor ambulante de nombre Ike Kauffman con una maleta de mercancía en la espalda que lo sobrepasaba de tamaño.

Durante meses Ike vendió sus mercancías por todo el condado y sus alrededores, volviéndose un personaje conocido por todos los lugareños.

Ike los "Despierta"

Los comerciantes locales no lo tomaban en serio. Lo llamaban "la pequeña rata" - hasta que un día se sorprendieron de ver a un ejército de trabajadores laborando en la construcción de una gran tienda de dos pisos y tres veces más grande que la tienda más grande de la ciudad.

Pronto se vio carros llenos de mercancía arribando – y allí estaba presente Ike Kauffman, arreglando y colocando la más fina variedad de mercancías generales que la gente del condado Wise hubiera visto jamás. Cuando la tienda abrió sus puertas, grandes multitudes de clientes la visitaron todo el día. Norton nunca había visto nada igual. Y es que resulta que mientras Ike solía vender sus mercancías por todas partes, aprovechaba también para hacerse de amigos. Y una semana antes de que la tienda abriera, envió invitaciones a todos ellos para ser su anfitrión de su negocio llamado, "El Emporio de Mercancías Más Grande de Norton."

Los comerciantes locales se impactaron al observar los amplios, limpios y atractivos aparadores que exhibían los productos.

Así que Pusieron Manos a la Obra

Los comerciantes decidieron ponerse a trabajar, limpiando sus propias tiendas y esmerándose en mejorar impecablemente sus propios exhibidores. Algunos construyeron nuevos almacenes que abarrotaron con nuevas líneas de mercancías.

Como resultado, Norton disfrutó de un auge importante en su comercio teniendo a la competencia como su fuerza motivadora poderosa.

Pero la historia no termina ahí. Una fría noche de invierno, toda el área de negocios, incluyendo la nueva tienda de Ike, quedó reducida a cenizas. De haber ocurrido esto antes de la llegada de Ike al pueblo, hubiera significado "la muerte de toda la comunidad."

Pero ahora el espíritu de la competencia era tan grande que los empresarios se apresuraron a reconstruir las estructuras de inmediato. El pueblo creció tan rápido que pronto se convirtió en la prospera "ciudad" que es hoy.

Ike Kauffman murió y fue sepultado y olvidado por todos excepto por algunos antiguos habitantes que atestiguaron la transformación de la antigua aldea adormecida en una prospera ciudad. ¡Ahora él es alguien al que nunca podrán olvidar!

Norton debe erigir un monumento a "Ike Kauffman, el hombre que nos enseñó el valor de la competencia limpia."

Usted puede beneficiarse también si aprende a aceptar la competencia como una bendición y no una maldición.

Recuerde que sólo juzgándose a usted mismo frente a sus competidores es cuando la gente que paga por sus servicios – sea su jefe o sus clientes - pueden medir el valor de su desempeño y calificación.

El Autoanálisis le Ayuda A Seguir Subiendo

E s necesario frecuentemente ejercer un autoanálisis critico que asegure que está cumpliendo con los principios que lo llevarán a las alturas del éxito. Tal vez apoyándose en una lista de verificación le ayudará a encontrar los puntos débiles que constituyan un obstáculo para usted. Por ejemplo, comparémoslo con a una persona imaginaria exitosa – a quien llamaremos Joe Smith - y veamos puntos de comparación.

Joe se ha fijado una meta definida en la vida y ha elaborado un plan para lograrlo en un plazo definido. En resumen, ha dado el primer y más importante paso hacia el éxito. ¿Ya dio este paso usted?

Cada vez que Joe enfrenta una derrota temporal, en lugar de desanimarse, busca la semilla de un beneficio equivalente del que pueda sacar provecho a su favor.

Joe vive cada día con ganas e ilusión lo que hace de su trabajo una diversión. Se abstiene de "quejarse" – hablando de sus problemas con los demás – sabiendo que el éxito solo es alimentado por el mismo sonido del éxito.

Él Recorre el Kilómetro Extra

Joe constantemente "recorre el kilómetro extra," ofreciendo sus servicios de la mejor manera y más allá de los esperado.

Por otra parte, él también sabe que el éxito se puede obtener más fácilmente trabajando en equipo que por sí solo. Por eso busca afanosamente la alianza cooperativa en la que el libre intercambio de ideas, talento y energía garantiza más seguridad en los objetivos deseados.

Joe viste apropiadamente. Presupuesta sus ingresos y aparta parte de ello para ahorrar. Cuida de su salud, viviendo moderadamente. Por encima de todo, Joe mantiene una actitud mental positiva todo el tiempo. La palabra "imposible" no aparece en su vocabulario.

Joe Cree en el Primer Principio

Joe está convencido de la eficacia del primer principio de la ciencia del éxito: "Lo que la mente del hombre puede concebir y creer, la mente lo puede lograr."

Se asegura de que todas las partes en una transacción se beneficien de la acción – que no haya ningún ganador o perdedor.

Es leal. Evita el menosprecio por los demás porque es un defecto muy negativo que daña tanto a él como a las personas que ofende. En cambio, siempre que puede recurre al elogio y al cumplido para motivar a sus semejantes – Nunca a la adulación inútil.

Su jefe y sus subordinados también admiran a Joe Smith porque toma decisiones rápidas y asume toda la responsabilidad por ellos. Nunca pasa las culpas a los demás.

Todas las Personas son sus Hermanos

Joe es un chico agradable para todo mundo. Tiene muy buen sentido del humor, consideración por los demás, y practica la cortesía con todos. Nunca recurre al lenguaje ofensivo. Considera a todas las personas como sus hermanos.

Se reinventa constantemente para mejorarse a sí mismo. Él sabe que los buenos libros, las buenas obras de teatro, y el buen arte se puede disfrutar a muy bajo costo acudiendo a bibliotecas, museos y teatros. Lo más importante es que él aprovecha al máximo el uso de esas instalaciones.

Joe es fiable y rápido. Su palabra es su vínculo con los demás. Su crédito es impecable porque sabe que el exceso de deuda es una piedra de molino que lo arrastraría hacia atrás mientras sube por la escalera del éxito.

¿Cree usted que pudiera compararse con Joe?

Saludar de Mano le Puede Ayudar

Su voz, sus ojos y sus manos le dicen a la gente el tipo de persona que es usted. Su saludo de manos puede convencer, a quien acabe de conocer, de que es usted alguien que vale la pena conocer mejor.

Todo vendedor exitoso sabe el valor que tiene un buen saludo de manos, porque le permite transmitir calidez, amabilidad, entusiasmo y confianza.

Debe aprender a usar su saludo de manos para ayudar a vender su paso por la vida.

Nuestro ritual de estrechar la mano de la otra persona a la que saludamos tiene una base muy sólida psicológica, social y espiritual. A través de este acto, le damos significado a nuestra afinidad con los demás, nuestra disposición a aceptarnos como iguales, y nuestro respeto y afecto por todos nuestros semejantes.

El Clímax del Ritual

Al igual que cualquier otra forma de comunicación, el saludo de mano se debe practicar y utilizar con frecuencia para ser eficaz. Para algunas personas es "normal" el saludo apretando fuertemente la mano. Sin embargo, cualquier persona puede desarrollar el estilo que mejor le parezca.

En realidad, estrechar la mano es el clímax - el acto culminante - del ritual de conocerse.

Aprenda, cuando lo presenten con alguien, a dibujar una sonrisa en los ojos y en sus labios - y de ese modo las palabras serán innecesarias para expresar lo contento que está de conocer a esa persona.

Salude con un firme apretón de manos - pero no con fuerza o energía. Y por todos los medios evite aquellos saludos de mano que conviertan este acto de amistad en una caricatura.

La Lección de Theodore Roosevelt

El presidente Theodore Roosevelt aprendió una lección en la recepción de su primer Día de Año Nuevo en la Casa Blanca. Su mano estaba tan adolorida por tanta gente que lo saludaba apretándole la mano entusiastamente ¡que no la pudo usar durante toda una semana! Al siguiente Año Nuevo usó un truco para aliviar este maltrato. Cada vez que extendía la mano, doblaba dos dedos hacia su palma ¡por lo que sólo su primer y segundo dedo quedaron adoloridos!

En cierta ocasión un joven abogado que buscaba el perdón para un cliente le fue presentado a Woodrow Wilson por el fallecido senador J. Lewis Hamilton de Illinois. El abogado, con ganas de agradar, apretó la mano de Wilson con tanta fuerza que hizo que Wilson perdiera su aplomo. Y apartándole la mano, le dijo: "¡No sabe lo que hace!" El joven no obtuvo el perdón que buscaba.

Su Estilo Propio de Saludo

Usted puede marcar su propio estilo de saludo de mano - como Franklin D. Roosevelt lo hiciera al tomar la mano de la otra persona entre las suyas, o Harry Truman con el clásico saludo que hacía, cruzando los brazos para dar un doble apretón de manos con dos personas a la vez.

La Sra. Eleanor Roosevelt escribió una vez: "Al estrechar la mano de una persona, me gusta ver la expresión de su cara – ese gesto me dice mucho sobre su carácter."

Su apretón de manos puede parecer un pequeño detalle sin importancia.

Pero al hacerlo es posible que alguna de esas manos que estrecha sea la de alguien que lo llevará al pináculo del éxito.

Supere el Miedo a Lograr su Objetivo

El miedo es el mayor obstáculo para el éxito. Con mucha frecuencia, la gente deja que el miedo gobierne todas sus decisiones y acciones. Y en ocasiones cada una de sus decisiones suele ir acompañada de una especie de sobreprotección encubierta, apoyándose en la frase común de "ir a la segura".

La persona verdaderamente exitosa no piensa en esos términos. Su razonamiento se basa en la creatividad y la productividad. Como alguna vez dijo el presidente Eisenhower, "Se puede alcanzar un alto grado de seguridad en una celda de prisión, si eso es todo lo que se desea de la vida."

La persona de éxito es aquella que está dispuesta a tomar riesgos cuando la lógica muestra que es necesario para alcanzar la meta deseada.

Sufrir a Causa del Miedo

Todos nosotros sentimos miedo. ¿Qué es? El miedo es una emoción destinada a ayudar a preservar nuestras vidas advirtiéndonos del peligro.

Por lo tanto, el miedo puede ser una bendición cuando levanta la bandera de la precaución avisándonos que hagamos una pausa y estudiemos la situación antes de tomar una decisión o realizar una acción.

Debemos controlar el miedo en lugar de permitir que nos controle. Una vez que cumple con su propósito emocional de advertirnos de un riesgo, no debemos permitir que entre en nuestro razonamiento lógico, y que influya en nuestra decisión sobre algún curso de acción.

Las famosas palabras de F.D. Roosevelt - "No tenemos nada que temer más que al miedo mismo" - son tan aplicables hoy y en cualquier momento, que cuando fueran pronunciadas durante la depresión.

El Camino de la Razón

¿Cómo puede superar sus miedos? En primer lugar, viendo el miedo a la cara - y conscientemente diciendo: "Tengo miedo." Y después preguntarse: "¿De qué?" Al hacerse esa pregunta, ha comenzado a analizar la situación frente a usted. Está en el camino de la razón que lo llevará hasta el obstáculo emocional del miedo. El siguiente paso es evaluar el problema en cada una de sus facetas. ¿Cuáles son los riesgos? ¿Vale la pena arriesgarse? ¿Hay algunos otros posibles cursos de acción? ¿Qué problemas inesperados es probable que se produzcan? ¿Dispongo de todos los datos necesarios, estadísticas y hechos? ¿Qué se ha hecho en otras situaciones similares, y cuáles fueron los resultados?

Una vez que haya completado el estudio, actúe - ¡de inmediato! La dilación sólo conduce a más duda y miedo.

El Importante Primer Paso

Un destacado psicólogo contó una vez que una mujer, sola en la noche, imaginaba escuchar ruidos, y pudo resolver sus temores rápidamente. Todo lo que tuvo que hacer fue ponerse de pie y averiguar la causa de su miedo. De este modo, dio el primer paso en un curso de acción positivo hacia la superación de ese temor.

La persona que busca el éxito debe obligarse a sí mismo, de esta misma forma, para poder controlar sus miedos y dar el primer paso hacia su meta.

Y recuerde que nadie recorre el camino de la vida solo, sin ayuda de nadie.

Una de los más estimulantes - y verdaderos - preceptos que se nos ha heredado lo encontramos en la Biblia: "No tengas miedo, que siempre te acompaño."

La fe en esas palabras nos inyecta fortaleza espiritual para enfrentar cualquier situación.

Domine sus Miedos con una Mente Abierta

U na de las mejores formas de superar el miedo – que es el mayor obstáculo al éxito – es preguntarse a sí mismo sin rodeos: "¿A que le tengo miedo?" A menudo resulta que nuestros temores solo son simples sombras.

Examinemos algunas de las preocupaciones más comunes y veamos cómo funciona este sistema.

La Enfermedad - El cuerpo humano está dotado de un ingenioso sistema de mantenimiento y reparación automática. ¿Por qué preocuparnos entonces de que algo salga mal en ese sentido? Es mejor admirar la forma en que nuestro cuerpo se mantiene en buen estado, ¡a pesar de las exigencias que le imponemos!

La Vejez - La Edad de Oro es algo que debemos esperar con naturalidad - no tenerle miedo. Simplemente intercambiamos juventud a cambio de sabiduría. Recuerde que nada se nos despoja sin que haya un beneficio igual o mayor que lo que se nos quita.

El Fracaso Puede ser una Bendición

El Fracaso - El fracaso momentáneo es una bendición disfrazada, lleva consigo la semilla de un beneficio equivalente cuando buscamos aprender de su causa y utilizamos nuestros conocimientos para mejorar nuestro esfuerzo en el siguiente intento.

La Muerte - Reconozca que es una parte necesaria del plan general del universo, provisto por el Creador como una forma de dar al hombre un pasaje al plano superior de la Eternidad.

La Crítica - Usted debe, después de todo, ser su propio crítico más severo. Entonces, ¿Por qué temerle a la crítica de los demás? Esa crítica puede incluir sugerencias constructivas que le ayudarán a mejorarse a sí mismo.

El miedo nace principalmente de la ignorancia.

Los Relámpagos a los que Alguna vez se les Tuvo Miedo

El hombre temía al relámpago hasta que Franklin, Edison y algunos más se atrevieron a tomar posesión de sus propias mentes, para demostrar que los relámpagos eran simplemente una forma de energía física que podría aprovecharse para beneficio de la humanidad.

Podemos dominar el miedo fácilmente si abrimos nuestras mentes a través de la fe, que nos guía a la orientación de la Inteligencia Divina

Si observamos meticulosamente a la naturaleza, descubriremos que existe un plan universal a través del cual a todos los seres vivos se nos ha dotado sabia y benevolentemente de alimentos y de todo lo demás que satisface las necesidades de nuestra existencia.

¿Se justifica, entonces, que el hombre - elegido como el amo de todas las otras especies en la tierra - sea negligente?

El Dolor como Parte del Plan

Incluso el dolor físico, que muchas personas temen injustificadamente, juega un papel en el plan, ya que es un lenguaje universal por el cual la persona más ignorante sabe cuando se está en peligro por causa de alguna una lesión o enfermedad.

¿Qué derecho tenemos, a la luz de todo esto, para tener que recurrir al Creador con plegarias sobre asuntos insignificantes que podemos y debemos resolver nosotros mismos? ¿Cómo nos atrevemos, si no obtenemos respuesta a nuestras oraciones, a perder la poca fe que apenas si logramos imbuir en nosotros?

Tal vez nuestro mayor pecado esté en perder nuestra fe en el Creador Omnipotente, que nos ha prodigado a sus hijos con más bendiciones que cualquier padre terrenal podría otorgar a su descendencia.

Su Mente Posee Poderes Ocultos

Ocultos dentro de la mente humana yacen poderes que van más allá de nuestra comprensión. La imaginación es la llave que puede liberar esos poderes y que los pone a trabajar para el individuo y para la humanidad. Sólo unos pocos de los millones y millones de hombres a través de los siglos han reconocido este hecho y lo han aprovechado para dirigir sus propios destinos.

La imaginación es nuestro pasaje de salida que nos aproxima a la inteligencia infinita del Creador. Y logra abrirse mediante el estado mental al que conocemos como fe.

Es en este estado mental que la esperanza y el propósito se traducen en una realidad física. Porque es un hecho que todo pensamiento tiende a transformarse en su equivalente físico.

La fe le proporciona a la imaginación la capacidad estimulante del deseo y el entusiasmo con el que nuestros planes y propósitos se ponen en acción.

La Fe en Uno Mismo

A través de la fe en uno mismo, cualquier persona puede lograr cualquier meta que se proponga.

Una vez se le pregunto a Henry Ford qué tipo de trabajador era el que más requería en su empresa.

Respondió: "Me vendría bien un centenar de hombres que no conozcan la palabra "imposible.""

Y se ha dicho que el éxito del estupendo negocio de Ford se debió a dos rasgos personales: (1) Haber establecido un objetivo principal en su vida y luego (2) No reconocer limitación alguna en la búsqueda de su objetivo.

La imaginación es el taller del alma en el que cada uno puede dar forma a su propio destino terrenal.

En verdad, lo que la mente puede concebir y creer la mente lo puede lograr.

Clarence Saunders trabajando como empleado de una tienda, concibió la idea de un tipo de sistema de autoservicio para comercializar comestibles.

Estaba convencido que la idea sería rentable y la compartió con su jefe. Pero a su jefe le faltaba la imaginación que le sobraba a Saunders, y decidió despedirlo rápidamente por "perder el tiempo con ideas tontas."

Cuatro años más tarde, Saunders lanzó sus famosas tiendas Piggly Wiggly que le produjeron más de $ 4.000.000 dólares.

Andrew Carnegie, quien primero me animó a desarrollar la "Ciencia del Éxito", solía decir: "Usted puede hacerlo si cree que puede."

Pero a veces se necesita también fuerza de voluntad, Y a veces solo pura terquedad.

Su Imaginación

Clarence Saunders pudo estar tentado a renunciar a la idea de una tienda de abarrotes con autoservicio "tipo cafetería" si su fuerza de voluntad no lo hubiera impulsado a seguir adelante - y lo hizo a pesar de costarle su puesto de trabajo.

Su imaginación le ayudará a alcanzar el éxito si se da una oportunidad.

Pero una vez que la imaginación hace su trabajo, solo de usted depende aplicar la fe y la fuerza de voluntad para hacer que sus sueños se hagan realidad

No cometa el error de dejarse llevar por el miedo y tirar los ricos granos de la plenitud y abundancia.

Ahora pregúntese: "¿A que le tengo Miedo?"

Seguramente la respuesta será: "A nada."

Encuentre la Felicidad Ayudando a los Demás

El hombre más rico de todo el mundo vive en Happy Valley (El Valle Feliz). Él es rico en valores que perduran, en cosas que no se pueden perder y lo alimentan – como son la alegría, la buena salud, la paz mental y la armonía dentro de su alma.

He aquí un inventario de sus riquezas y cómo las adquirió:

"Encontré la buena salud, viviendo sobriamente y comiendo solamente los alimentos que mi cuerpo necesitaba para mantenerse bien.

"Estoy libre de todo lo que causa el miedo y la preocupación y de todos sus efectos.

"Nadie me cae mal, ni envidio a nadie, sino al contrario siento amor y respeto por toda la humanidad.

"Estoy comprometido en un trabajo de amor que mezclo generosamente con la diversión, por lo tanto, nunca me canso.

"Rezo todos los días, no para pedir más riquezas, sino para pedir más sabiduría con la que pueda reconocer, abrazar y disfrutar de la gran abundancia de riquezas que ya poseo.

"No hablo de nadie mucho menos para calumniarlo bajo ningún motivo."

Comparte las Bendiciones

"Me agrada el privilegio de compartir mis bendiciones con todos aquellos que así lo deseen.

"Estoy bien con mi conciencia, por lo tanto, me guía con precisión en todo lo que hago.

"No tengo enemigos porque no daño a nadie. Más bien, trato de ayudar a todos aquellos con los que entro en contacto.

"Tengo más riqueza material de lo que necesito porque estoy libre de codicia y solo deseo aquellas cosas que puedo usar constructivamente mientras viva. Mi riqueza procede de aquellos a quienes he beneficiado al compartir mis bendiciones.

"Mi hogar en el 'Valle Feliz' no causa impuestos, porque solo existe en mi propia mente, y por eso todas mis riquezas intangibles que poseo no son tributables ni expropiables, excepto por aquellos que adopten mi mismo modo de vida. He creado este hogar durante toda una vida de esfuerzo mediante la observación de la ley de la naturaleza y la formación de hábitos para cumplir con ellos."

No hay derechos de autor en el credo del éxito del Hombre del Valle Feliz.

Si piensa adoptarlo, y vivir mediante sus preceptos, puede lograr que la vida le pague en los propios términos que usted determine.

Puede atraer a usted nuevas y más deseable amistades, así como alejarse de enemigos indeseables.

Puede ayudarle a ocupar más espacio en el mundo y obtener más alegría de vivir.

Le Puede Significar la Prosperidad

Puede traer prosperidad a su profesión o negocio, y hacer de su hogar un paraíso de profundo disfrute para todos los miembros de su familia.

Puede agregar años a su vida y liberarse del miedo y la ansiedad.

Puede colocarlo en la "luz del éxito" y mantenerlo allí.

Pero, sobre todo, el credo del Hombre del Valle Feliz le puede traer la sabiduría para resolver todos sus problemas personales - antes de que surjan – concediéndole la paz y la alegría.

Guardar Silencio Suele ser Mejor que Hablar

Todo mundo coincide en que la capacidad de hablar con franqueza, puede ayudarle a una persona a tener éxito. Hombres como Billy Graham, Franklin Roosevelt y Winston Churchill lograron proyectarse a la cima a través de su capacidad para influir en las grandes masas a través de su oratoria.

Pero también hay momentos en que guardar silencio prudentemente es igualmente importante. El secreto aquí es en ser un buen oyente.

En ningún ámbito esto es más cierto que en el arte de vender.

Uno de los principales vendedores de seguros de vida de este país nunca se compromete a realizar una presentación hasta haber formulado a su potencial comprador las siguientes preguntas:

1. Si falleciera usted hoy, ¿considera que ha acumulado suficiente dinero como para que su familia quede protegida de la manera que lo desea?
2. ¿Los activos con los que cuenta no corren el riesgo de que pudieran perderlos sus familiares ante gente deshonesta?
3. ¿De cuánto es el monto por el que desea quedar asegurado?
4. ¿Cuántos hijos tiene y cuáles son sus edades?

A través de la manipulación diplomática de las respuestas a estas cuatro preguntas, este vendedor experto sabe cuándo debe hacerse cargo de la situación y comenzar a hablar. Y lo más importante, en ese momento sabe exactamente qué decir para hacer una venta.

Todos los expertos vendedores utilizan este método de preguntas para estar prevenidos con material eficaz, ante réplicas, cuando sus potenciales compradores cuestionen con argumentos. Como resultado, el posible comprador a menudo es susceptible de asumir una posición vulnerable en la que es más fácil doblegar su resistencia a adquirir el producto. A veces, incluso, llegan a convencerse completamente de la conveniencia de la compra.

Una vendedora de gran éxito ha formado una organización lucrativa con un equipo de puras personas "calificadas" que proporcionan servicio de ventas por teléfono a potenciales compradores de bienes raíces, acciones y bonos, seguros y una gran variedad de otros productos y servicios. Ella inicia el servicio haciendo preguntas que el cliente pueda contestar pero de la manera que a ella más le conviene. Por ejemplo, si se trata de vender acciones y bonos, hace las siguientes preguntas:

"Sr. Empresario, ¿Estaría usted interesado en aprender cómo se puede ganar dinero sin trabajar para lograrlo?"

Dado que cualquier persona aceptaría una propuesta así, la respuesta suele ser un "sí". Su siguiente pregunta es:

"¿Qué cantidad de dinero es lo que desea ganar sin trabajar para ello?"

Al obtener la respuesta, se le dice al prospecto que un vendedor lo visitará personalmente para informarle a detalle en lo que consiste la propuesta.

Esta inteligente mujer, incluso ha reclutado a vendedores para la venta de ciertos productos, llamando a sus esposas y preguntando:

"Sra. Ama de casa, ¿estaría usted interesada en conocer la manera en que su marido puede aumentar sus ingresos para que usted pueda tener una casa mejor, un coche nuevo, un abrigo de visón y dinero para viajar a donde desee ir?"

La mujer se entusiasma tanto al oír esto que se facilita mucho hacer una cita, a través de ella, para gestionar una entrevista con el marido.

Sócrates, uno de los más grandes pensadores de la historia, utilizó el método de preguntas para transmitir sus ideas. Lo mismo hizo Platón y otros filósofos.

Induzca a la otra persona a que hable libremente para que usted sepa qué decir y cómo decirlo – y así aprovechar cuando sea su turno de hablar.

Cómo Quitarse de Encima "La Loza del Fracaso"

Se dice menudo que los ricos tienden constantemente a volverse más ricos y los pobres a volverse cada vez más pobres. Mis propios estudios de los principios, que hacen que algunas personas alcancen el éxito y otras sean absolutos fracasos, parecen confirmar lo anterior.

La Biblia lo expresa de esta manera: "Porque a todo el que tiene, más *se le dará*, y tendrá en abundancia; pero al que no tiene, aun lo que tiene *se le quitará*." (Mateo) También es un hecho que las posesiones son para usarse y no acumularse. Todo lo que poseemos - debemos usarlo o arriesgarnos a perderlo.

El Eterno Cambio

Por extraño que parezca, es un hecho que sólo hay una cosa permanente en este universo - el eterno cambio. Nada permanece exactamente igual, ni por un segundo. Incluso el cuerpo físico en el que vivimos cambia por completo con una rapidez asombrosa.

Puede probar estas afirmaciones, comparándolas contra su propia experiencia.

Cuando una persona está luchando por ser alguien y ganar algo de dinero, rara vez se topará con una mano amiga dispuesta a darle el empujón necesario para alcanzar su meta. Pero una vez que lo logra - y ya no necesita de esa ayuda - la gente hasta se aglutina haciendo fila para ofrecérsela.

Mediante lo que yo llamo la ley de la atracción, lo igual atrae a lo semejante en todas las circunstancias. El éxito atrae más éxito. Y el fracaso más fracaso.

A lo largo de nuestra vida somos los beneficiarios o víctimas de un arroyo que fluye rápidamente, y que nos empuja hacia adelante al éxito o hacia atrás al fracaso.

La idea es echarnos encima "La carga del éxito" y no "La loza del fracaso."

¿Cómo puede usted hacer esto? Sencillo. La respuesta radica en la adopción de una actitud mental positiva, que le ayude a determinar el curso de su propio destino en lugar de ir a la deriva a merced de las adversidades de la vida.

El Poder de Pensar

Su mente ha sido dotada con el poder de pensar, tener aspiración, tener esperanza, y dirigir su vida hacia cualquier meta que busque. Es la única cosa sobre lo que tenemos el privilegio indiscutible de tener un control absoluto.

Pero recuerde, debemos aceptar esta prerrogativa - y utilizarla - o sufrir severas sanciones. No importa lo que poseamos – sea material, mental o espiritual - lo debemos utilizar o corremos el riesgo de perderlo.

En primer lugar, defina claramente la meta que desea alcanzar en la vida. Luego dígase a sí mismo: "Yo puedo hacerlo... y puedo hacerlo ahora."

Grafique los pasos que debe seguir para alcanzar su meta. Ejecute uno a la vez y verá que conforme avance cada paso, el proceso se facilitará cada vez más, atrayendo a más personas a que lo ayuden a lograr su fin deseado.

Recuerde que usted no puede estar quieto. Debe moverse hacia arriba, hacia el éxito - o hacia abajo, hacia el fracaso.

La elección es sólo suya.

Servir a los Demás Le Ayudará

U na de las maneras más seguras de lograr su propio éxito en la vida es ayudando a otros a alcanzar los suyos. Casi cualquier persona puede contribuir con dinero para ayudar a los menos afortunados.

Sin embargo, la persona verdaderamente rica es aquella que puede permitirse el lujo de dar de sí mismo, de su tiempo y energía, en beneficio de los demás. De esta manera se enriquece a sí mismo sin medida.

John Wanamaker, el rey del comercio de Filadelfia, dijo alguna vez que el hábito más rentable era la de "prestar servicio útil en donde menos se espera."

Y Edward Bok, el gran editor de la revista Ladies Home Journal, afirmaba que pasó de la pobreza a la riqueza practicando el hábito de "hacer algo útil por los demás, sin recibir nada a cambio."

Ayudar Requiere de Esfuerzo

Se requiere de un esfuerzo consciente para donar su tiempo y energía a los demás. No basta simplemente con decir: "Muy bien, estoy dispuesto a ayudar a cualquier persona que necesite mi ayuda." Debe hacer un proyecto creativo de prestar un servicio a sus semejantes.

Tal vez algunos ejemplos realistas le aclaren a pensar de las diferentes maneras en que usted puede ganar amigos ayudando a los demás.

Por ejemplo, existe un comerciante en una ciudad del este del país que ha construido un negocio exitoso a través de un proceso muy simple.

Cada hora o más, uno de sus empleados verifica los parquímetros cercanos a su tienda.

Con Centavos se Ganan Amigos

Cuando algún empleado detecta que el tiempo en alguno de los parquímetros está a punto de "expirar" deposita una moneda en la ranura, y adjunta una nota en el coche del cliente diciéndole al dueño que la tienda en cuestión se siente complacida de protegerlo frente a la inconveniencia de una posible multa de tráfico. Muchos automovilistas agradecen este gesto - y no pueden evitar permanecer más tiempo comprando en la tienda.

Otro ejemplo, es el dueño de una gran tienda de caballeros de Boston, que acostumbra colocar una tarjeta impresa en el bolsillo de cada traje que vende. En ella le dice al comprador que si encuentra el traje satisfactorio, podrá regresar la tarjeta de nuevo después de seis meses y cambiarlo por cualquier corbata que elija.

Naturalmente, el comprador siempre vuelve satisfecho por su corbata - y automáticamente se convierte en futuro prospecto de otra venta.

La mujer mejor pagada de la Bankers Trust Co. de la ciudad de Nueva York, comenzó su carrera en el corporativo ofreciéndose a trabajar tres meses sin cobrar a fin de demostrar su capacidad ejecutiva.

Otro caso es el de Butler Stork que como preso en la Penitenciaría del Estado de Ohio, se ganó su libertad antes de cumplir una condena de 20 años por falsificación, debido a su completa disposición para ayudar.

Stork formó una escuela por correspondencia que enseña a más de 1.000 reclusos acerca de una variedad de cursos sin costo para ellos ni para el Estado. Incluso convenció a una Escuela Internacional por Correspondencia a que donara libros de texto.

El plan atrajo tanto la atención que Stork se ganó su libertad como recompensa.

Ponga su mente a trabajar. Evalúe su propia capacidad y energía. ¿Quién cree que necesite de su ayuda? ¿Cómo puede ayudar? No se necesita dinero. Sólo ingenio y un fuerte deseo autentico de estar al servicio de los demás.

Ayudando a los demás a resolver sus problemas se ayudará a resolver los suyos propios.

Evite los Escollos que Producen el Fracaso

C ualquiera que aspire al éxito en la vida tiene que reconocer las causas del fracaso. ¿Cómo evitar cometer errores? En mis investigaciones sobre las relaciones humanas, he encontrado por lo menos 30 de las mayores causas del fracaso

Pero el principal causante del fracaso es indudablemente la falta de capacidad de llevarnos armónicamente con los demás.

Un gran hombre de negocios - uno de los hombres más ricos de su época – en una ocasión me contó que tenía una vara de medición de cinco puntos que utilizaba para elegir a sus mejores empleados y promoverlos a altos puestos ejecutivos.

1. Facultad de llevarse bien con los demás.
2. Lealtad hacia aquellos con que está obligado.
3. Fiabilidad bajo toda circunstancia.
4. Paciencia en toda situación.
5. Capacidad para hacer bien un trabajo determinado.

La Capacidad al Final de la Lista

Es de destacar que el punto referente a "la capacidad para el trabajo" quedó al final de la lista. Esto se debe a que entre mayor sea la capacidad de una persona para ejecutar una tarea, más objetable puede ser si carece de los otros cuatro rasgos.

Charles M. Schwab fue promovido por Andrew Carnegie de simple obrero a un puesto con un ingreso anual de 75.000 dólares. Además, Carnegie daba a Schwab un bono que a veces llegaba a ser de $ 1.000.000 de dólares anuales.

Carnegie decía que el sueldo era acorde a los servicios prestados por Schwab. Y que el bono era para motivar a sus demás trabajadores a dar lo máximo.

Su capacidad para inspirar a los demás es un cheque en blanco en el Banco de la Vida que puede llenarlo con la cantidad que usted desee.

Si aún carece de esta capacidad, enfóquese desde este momento en adquirirla.

Salga de su Rutina

¿Cómo? Adoptando y siguiendo estas reglas:

1. Salga de su rutina. por lo menos una vez al día, dirija una palabra amable o preste algún servicio útil en donde menos lo esperen.
2. Modifique su voz para transmitir una sensación de calidez y amistad con quien se relacione.
3. Oriente la conversación hacia asuntos de mayor interés para sus oyentes. Platique "con" ellos en lugar de hablar "para" ellos. Imagine que la persona con la que está conversando es la más interesante del mundo, o al menos considérelo así en ese momento.
4. Suavice su expresión frecuentemente sonriendo mientras habla.
5. Nunca, bajo ninguna circunstancias se exprese, usando un lenguaje profano u obsceno.
6. Mantenga sus puntos de vista ajenos a temas religiosos y políticos en cualquier conversación.

Sea Cauteloso al Pedir Favores

7. Nunca pida un favor a alguien que previamente no haya ayudado.
8. Sea un buen oyente. Inspire a otros a hablar libremente sobre los temas que a ellos les interesen.
9. Nunca hable despectivamente de otras personas. No "calumnie." Recuerde que una onza de optimismo vale lo mismo que una tonelada de pesimismo.
10. Concluya cada día con esta oración: "No pido más bendiciones, sino más sabiduría con la que pueda hacer un mejor uso de las bendiciones que ahora poseo. Y concédeme, por favor, más entendimiento para que pueda ocupar más espacio en los corazones de mis semejantes, mediante la prestación de un mayor servicio que el que preste hoy."

Creer Nos Trae el Poder Universal

Tiene a su disposición el más poderoso poder del universo - su capacidad de creer. En verdad, este es el único poder que usted tiene el privilegio de controlar y dirigir según los propósitos de su propia elección. Las personas más inmensamente exitosas del mundo son aquellas que reconocen y utilizan su capacidad de creer.

Ellos creen en el poder de la Inteligencia Infinita. Ellos creen en su derecho a recurrir a esta energía y dirigirla a los fines de su propia elección. Ellos también saben que con este poder, todas las cosas son posibles. La palabra "imposible" no existe en sus vocabularios.

Pero este poder no se puede accionar o desactivar como si fuera un interruptor eléctrico. Debe alimentarse y fortalecerse a través de su empleo diario.

En la siguiente columna se describe con detalle el Credo de Todos Los Días que puede adoptar como propio para ayudarle a desarrollar el poder de su fe.

Platique consigo Mismo para Tener Éxito

Por el momento, examinaremos la forma en que un hombre logró un gran éxito a través de este poder.

Edwin C. Barnes se fijó un objetivo aparentemente imposible, como su principal objetivo en la vida. ¡Decidió que se convertiría en el socio de negocios del gran Thomas A. Edison! Y comenzando desde cero - sin nada en que apoyarse más que su propia fe - literalmente, "platicaba consigo mismo" trazando su plan para lograr su objetivo

Todos los días, mientras se veía en el espejo, practicaba en voz alta un discurso bien elaborado. Y de ese modo Barnes puso por delante todo el entusiasmo que pudo reunir.

Su discurso decía: "Mr. Edison, sé que me aceptará como su socio de negocios porque le voy a ser tan útil que en recompensa eso me volverá muy rico."

Satura su Cerebro

De este modo, Barnes literalmente saturó su cerebro con la creencia firme de que se convertiría en el socio de Edison. En consecuencia, cuando se presentó ante el gran inventor, su entusiasmo era tan desbordante que Edison captó su espíritu y le dio la oportunidad - no como socio, sino como un vendedor del dictáfono que había inventado.

Barnes pudo haberse dejado aplastar por la decepción. Pero no lo hizo. En cambio, aprovechó la oportunidad que se le presentó. Se limitó simplemente a desviar su desbordada fe hacia la tarea en cuestión. Como resultado, se convirtió en un vendedor de tal éxito que Edison se vio obligado a formar una alianza con él para distribuir las máquinas a nivel nacional.

El Secreto era Sencillo

No pasó mucho tiempo antes de que todo el mundo conociera el eslogan: "Hecho por Edison, y vendido por Barnes."

La sociedad con Edison hizo a Barnes multimillonario. El secreto de su éxito era sencillo: "Definición de propósito expresado con entusiasmo y fe perdurable."

La columna siguiente le dirá cómo se puede desarrollar estas cualidades para alcanzar su meta en la vida.

Creer en Si Mismo es Vital

E l éxito lo logran aquellos que son imbuídos a fondo por su fe de que pueden lograrlo. Porque están convencidos de un hecho: "¡Lo que la mente puede concebir y creer, la mente lo puede lograr!"

Esta gente exitosa trabaja conscientemente para desarrollar confianza en sí mismos y gran capacidad para realizar cualquier meta que se hayan propuesto.

Usted puede hacer lo mismo, de la misma forma que Edwin C. Barnes lo hizo, cuando condicionó su mente a un único objetivo - convertirse en el socio de negocios del gran inventor Thomas A. Edison.

Barnes desarrolló el tremendo poder de su fe mediante la repetición diaria de un credo, publicado posteriormente en un best-seller.

El mismo credo ha sido utilizado por hombres y mujeres de todo el mundo para alcanzar prosperidad y paz mental que antes consideraban como algo imposible.

Los Deseos más Grandes

La repetición de este credo, al menos, una vez al día, le ayudará a alcanzar sus mayores deseos. Aquí lo presento:

1. Canalizaré mi mente hacia la prosperidad y el éxito, orientando mis pensamientos tanto como sea posible sobre mi objetivo principal que me he propuesto.
2. Liberaré mi mente de las limitaciones autoimpuestas inspirándome en el poder de la Inteligencia Infinita por medio de mi fe ilimitada.
3. Mantendré mi mente libre de la codicia y la avaricia compartiendo mis bendiciones con los que son dignos de recibirlas.

4. Sustituiré cualquier descontento por autosatisfacción, a fin de que pueda seguir aprendiendo y creciendo tanto física como espiritualmente.

5. Mantendré una mente abierta, hacia todos los temas y hacia todas las personas, elevándome por encima de la intolerancia.

Evite la Autocompasión

6. Buscaré el bien de los demás y aprenderé a lidiar comprensivamente con sus faltas.

7. Evitaré la autocompasión. En todo caso buscaré la motivación hacia un mayor esfuerzo.

8. Reconoceré y respetaré la diferencia entre las cosas materiales que necesito y deseo, y *mi derecho* a recibirlos.

9. Cultivaré el hábito de "recorrer el kilómetro extra", buscando siempre hacer más y un mejor servicio de lo que se espera de mí.

10. Convertiré la adversidad y la derrota en activos al recordar que siempre llevan consigo la semilla de beneficios equivalentes.

11. Siempre me conduciré hacia los demás de tal manera que nunca me avergüence de mirarme a la cara en el espejo cada mañana.

12. Por último, mi oración diaria será para pedir más sabiduría para reconocer y vivir mi vida en armonía con el propósito general del Creador.

La repetición diaria de este credo lo absorberá su subconsciente hasta volverlo parte de su propio carácter. A través de ella desarrollará las características que le ayudarán a alcanzar una personalidad agradable – que es nuestro siguiente tema de discusión.

Mucho de lo Que Logramos Depende de la Personalidad

C ada bendición material o espiritual que necesite o desee será suya - ¡si aprende a vivir en armonía con sus semejantes! Una personalidad agradable es el mayor activo que puede poseer. Es una llave que le abrirá las puertas a la amistad de los demás, y a desarmar a los enemigos para ponerlos de su lado.

Mucha gente cree haber nacido con una personalidad agradable. Según afirman, o la tienen o carecen de ella. Pero eso no es así. Una personalidad agradable se desarrolla a través del esfuerzo consciente por alcanzar los rasgos del carácter, las buenas costumbres y la preocupación por los demás, que en suma es lo que nos hace atractivos espiritualmente ante los demás.

Examinaremos estas características con más detalle en futuras columnas. Pero en primer lugar, sería bueno que pudiera evaluar su actual personalidad - para ver si es usted mismo ese tipo de persona con la que le agradaría relacionarse diariamente.

Criterios de Referencia

Tal vez la mejor manera de hacer esto es mediante el establecimiento de un criterio basado en los rasgos de personalidad que todos estamos de acuerdo es el más desagradable. He enumerado 17 de ellos aquí. Sería bueno que examinara su personalidad sobre esta base, ya que es usted quien mejor se conoce.

1. ¿Es usted de los que creen que una conversación es de dos partes, en la que la otra persona debe tener amplia oportunidad de hablar, y de este modo no monopolizar la conversación y convertirla en un monólogo?
2. Durante una conversación, ¿se enfoca en si mismo y sus intereses personales principalmente?

3. ¿Por sus palabras o acciones, se considera una persona egoísta?
4. ¿Es usted afecto al sarcasmo e insinuaciones despectivas acerca de los demás?
5. ¿Exagera, desbordando descontroladamente su imaginación

Solo los Hechos Cuentan

6. ¿Es vanidoso? ¿Se siente inclinado por el autoelogio, olvidando que los hechos - no palabras - son los únicos medios reales de autoevaluarse?
7. ¿Es indiferente hacia los demás y sus intereses personales? No olvide nunca, que la persona viva más importante en ese momento, es la persona con quien está hablando - siempre.
8. ¿Trata de minimizar las virtudes y capacidades de los demás?
9. ¿Es afecto a la zalamería y la fácil adulación?
10. ¿Trata de hablar demostrando su intención de impresionar mediante su superioridad sobre los demás?
11. ¿Facilmente cae en la falta de sinceridad (posiblemente en forma de adulación) en un intento falso de ser complaciente a su conveniencia?

Chismes Baratos

12. ¿Disfruta del chisme barato u otras formas de difamación?
13. ¿Es desaliñado en su vestir, en sus posturas o en su manera de hablar? ¿Acostumbra maldecir, blasfemar o injuriar, y prefiere recurrir al lenguaje soez ante la falta de argumentos contundentes?
14. ¿Trata de llamar la atención innecesariamente, sobre todo cuando otra persona es el centro de atracción?
15. ¿Aborda innecesariamente conversaciones incomodas acerca de temas controversiales como religión y política, a sabiendas que son temas fuera de lugar?

16. ¿Recurre al conflicto ante la falta de argumentos?

17.¿Aburre y deprime a sus oyentes hablando constantemente de sus problemas personales, dolencias, y desgracias?

Reconozca con franqueza sus coincidencias con esta lista y comprométase a corregirlos – con eso dará un gran paso hacia el desarrollo de una personalidad agradable. Si lo hace, estará listo para las futuras columnas que le enseñarán los métodos positivos de atraer amigos y que le ayudarán a lograr cualquier meta que se proponga.

Como Desarrollar Nuestro "Lado Flexible"

El individuo normalmente busca ser amado. Desea la aprobación y amistad de los demás. Y sabe perfectamente que si no puede ganar la intima y amable cooperación de sus semejantes, sería difícil para él poder lograr el éxito en la vida.

El rasgo más importante de una personalidad agradable es la flexibilidad.

Y consiste en la habilidad de la persona para "desdoblarse" mental y físicamente, y adaptarse a cualquier circunstancia o medio ambiente, sin perder el autocontrol y la compostura.

Por supuesto, esta palabra para nada significa vulnerabilidad. Por lo que el sujeto no debe permitir su sometimiento a los caprichos y engaños de los demás con el fin de tener una mentalidad flexible.

Capacidad de Inspeccionar

La flexibilidad quizás pueda describirse mejor como la capacidad de inspeccionar y evaluar una determinada situación con rapidez y reaccionar a ella, basado en la lógica y la razón con un mínimo de emoción.

Cuando se desarrolla flexibilidad se está dispuesto a tomar medidas rápidas para aprovechar oportunidades - o resolver problemas. Le ayuda a que usted sea una persona decidida.

El espectacular éxito de Henry J. Kaiser, dueño de una amplia variedad de empresas comerciales, se debe en gran parte a su actitud mental flexible, que le permite cumplir con un flujo interminable de problemas sin desequilibrarse en absoluto.

La flexibilidad también ayudó a Arthur Nash, un fabricante de Cincinnati a adaptarse rápidamente a la situación de emergencia que se generó cuando su empresa se declaró en quiebra. La solución que encontró fue la de hacer socios a sus empleados sobre la base de compartir utilidades aparte de los salarios que seguirían cobrando – de este modo pudo volver a levantar su empresa hasta convertirla en una de las más rentables de su tipo.

A veces, la flexibilidad de los demás puede ayudar. Por ejemplo, Henry Ford solía ser brusco y corto de paciencia con los empleados y socios de sus negocios. Pero allí surgía a menudo la diplomacia flexible de su esposa Clara, que lo ayudaba a ser paciente, salvándolo así de muchas dificultades.

Cuatro Rasgos

El director del Bank of América de la Costa Oeste dijo una vez: "Cuando contratamos a hombres y mujeres los calificamos de acuerdo a cuatro rasgos - la lealtad, la fiabilidad, la flexibilidad y la capacidad de hacer bien su trabajo."

El sentido del humor es un ingrediente importante en relación con la flexibilidad. A menudo Abraham Lincoln tenía que confiar en sus propias buenas ocurrencias para mantener juntos a los miembros temperamentales de su gabinete en momentos de crisis.

La humildad sincera también es necesaria. De lo contrario ¿cómo podría afirmar que usted es flexible si le resulta difícil pronunciar las palabras "Me equivoqué" - como todo mundo algún día lo hace?

La falta de esa flexibilidad le costó al Presidente Woodrow Wilson que el senado no aprobara su acariciado Proyecto de la Sociedad de Naciones - y esta negativa le rompió el corazón. De haber estrangulado su orgullo y haber invitado al fallecido senador Lodge - principal oponente del proyecto - a la Casa Blanca para una plática, podría haber ganado la aprobación del senado.

La flexibilidad es un rasgo que suaviza la pobreza y adorna las riquezas, ya que nos ayuda a ser agradecidos por las bendiciones y avergonzarnos de nuestras desgracias. También nos ayuda a sacar provecho de cada experiencia de la vida, ya sea agradable o desagradable.

Sea Entusiasta y Alcance sus Objetivos

Ralph Waldo Emerson dijo una vez: "Nada grande se logra sin entusiasmo." Y un antiguo dicho también afirmaba "no hay nada tan contagioso como el entusiasmo."

El entusiasmo es "la onda de radio" mediante la cual usted transmite su personalidad a otras personas. Es más poderosa que la lógica, la razón o la retórica que se emplee para hacer llegar sus ideas a los demás y convencerlos de sus puntos de vista.

Un gerente de ventas de gran éxito, afirma que el entusiasmo es el rasgo más importante de un buen vendedor - siempre que sea sincero y directo.

Afirma: "Cuando estreche la mano de alguien, hágalo con entusiasmo para hacerle sentir a la otra persona que se siente feliz de saludarlo,"

Rechace el Falso Entusiasmo

Pero tenga cuidado. Nada es tan falso como el falso entusiasmo - el ánimo desbordado y la exhibición abrumadora de felicidad que lleva su propio sello de falsedad.

Un ejemplo de cómo su propio entusiasmo puede llevarlo a las alturas del éxito lo es el caso de Jennings Randolph.

Después de graduarse del Salem College, en Virginia Occidental, Randolph entró en la política y emprendió una campaña tan contundente que fue declarado electo, sobre un oponente de más edad y experiencia, en medio una victoria aplastante. Debido a su fama y éxito en su influencia sobre los demás representantes del congreso, el presidente Franklin D. Roosevelt lo eligió para dirigir la legislatura en tiempos de guerra.

En una encuesta privada de popularidad llevada a cabo por un grupo de profesionales de Washington, Roosevelt y Randolph fueron elegidos por unanimidad como las personalidades más fascinantes de la administración pública en ese entonces - pero Randolph superó al Presidente en relación con su capacidad de influir en los demás con su entusiasmo desbordante.

Después de 14 años en el Congreso, Randolph aceptó una de las muchas ofertas que recibió de la industria privada.

Se convirtió en asistente del presidente de Capital Airlines, cuando la empresa estaba operando en números rojos y bastaron dos años de un trabajo sin descanso y una energía sin igual para levantarla a la primera posición en cuanto a ganancias en el campo del transporte aéreo.

Hablando de la personalidad agradable que caracteriza a Randolph, recientemente el presidente de Capital Airlines dijo lo siguiente: "Desquita su salario con creces, no solo por su excelente trabajo que desempeña – sino, sobre todo, por el entusiasmo que despierta en los demás miembros de la empresa."

Nadie "nace entusiasta." Es un rasgo que se adquiere. Y usted puede adquirirlo, también.

Primero "Vendase" a Si Mismo

Recuerde que en casi todos nuestros contactos con los demás estamos tratando, en cierto sentido, de vender algo, excepto cuando se trata de relaciones triviales. Cuando esto ocurre lo primero es convencernos a si mismos del valor de nuestra idea, producto, servicio - o incluso de nosotros mismos.

Examine eso que vende – incluyéndose a usted mismo – con enfoque crítico. Detecte los defectos de lo que está tratando de vender – para eliminarlos o corregirlos, pero siempre con la convicción de la confiabilidad de su producto o idea.

Armado con esta convicción, cultive el hábito de pensar positivamente, con fuerza y energía, y se sorprenderá del creciente entusiasmo que va desarrollando en su interior - que se hará extensivo y proyectará hacia los demás.

La siguiente columna le explicará la manera en que su voz puede ayudarle a alcanzar el éxito.

La Voz como Parte Clave del Carácter

C uando a Sam Jones, el gran evangelista, se le preguntó el secreto de su capacidad para influir en las audiencias con sus sermones, respondió, "No es tanto lo que digo sino la forma en que lo digo." La voz y manera de hablar puede ayudarnos a ganar el éxito en la vida.

Los vendedores más exitosos, los políticos, los abogados, los clérigos y educadores son los que han aprendido el arte de añadir "algo especial" en sus tonos de voz que les ayuda a proyectar su propia personalidad y entusiasmo a sus oyentes.

William Jennings Bryan, inicialmente estaba programado para dirigir un discurso que duraría 45 minutos en el Mormón Tabernacle de Salt Lake City, pero embelesó tanto a su auditorio que habló por más de dos horas y 15 minutos - ¡y con un público delirante que pedía más!

"Dudo que al siguiente día una docena de personas pudieran haber dicho cuál había sido la esencia del discurso," dijo el jefe de la Iglesia Mormona. "Ya que fue su voz lo que cautivó y mantuvo embelesado a la multitud."

Un Maravilloso Instrumento

La voz humana es un instrumento maravilloso a través del cual un orador entrenado puede añadir a sus palabras mucho énfasis y un atractivo emocional que le dan un sentido diferente al mensaje que transmiten. En su uso más superlativo, la voz puede llevar el mismo grado de impacto que una pieza musical bellamente ejecutada.

Cualquier persona puede desarrollar un tono fuerte y positivo de voz con la práctica. Y existen escuelas públicas que ofrecen clases de oratoria para adultos a bajo costo, donde se puede obtener ayuda profesional si es necesario.

Es lamentable que muy pocas personas sepan realmente cómo suena su voz a los oídos de los demás. La proximidad de nuestros oídos a nuestros demás órganos vocales distorsiona el sonido. Por lo tanto, para escucharnos como nos oyen los demás, una buena opción puede ser grabar nuestras voces para analizarla posteriormente. Otra opción que ayuda es pedirle a un amigo cercano que nos alimente de crítica constructiva con respecto a nuestro tono de voz, volumen, grado de sinceridad y entusiasmo que trasmitimos.

Voz — No Lenguaje

Recuerde que estamos hablando de la voz - no del lenguaje. Ese es un tema que puede llenar volúmenes, pero que discutiremos en una columna posterior. Practique a expresar sus ideas con claridad y confianza. Sea extrovertido al respecto. Una buena práctica es hablar frente a un espejo. También es útil leer poesía u otro tipo de literatura en voz alta. Ponga drama, emoción y entusiasmo en su voz al leerle cuentos a sus niños - ¡y verá el renovado interés y ánimo de los pequeños!

La voz, como los ojos, es una de las "ventanas del alma." Es uno de los medios mediante el cual la gente nos juzga. Y viceversa, es también el medio por el que aprendemos a dimensionar a los demás.

Cualquier abogado con experiencia puede detectar un testigo mentiroso por su indecisión y debilidad en el tono de su voz. Una tormenta de palabras sin control revela a una persona incongruente e impulsiva. Un médico experto detecta al hipocondríaco por lo quejumbroso de su voz. Estudie los tonos, y pronto aprenderá mucho más acerca de los demás a través de sus voces e intenciones.

Recuerde que las personas a las que conoce a lo largo de su camino al éxito, se forman la primera impresión de usted a través de su voz y de su aspecto personal. Discutiremos este segundo aspecto en la próxima columna.

La Apariencia Pulcra
Deja Dividendos

Nada es tan exitoso como el éxito mismo - y el éxito por lo general es atraído por aquellas personas que se visualizan y actúan exitosamente. En mis investigaciones de toda la vida para determinar por qué solo algunas personas logran acumular inmensa riqueza y fama, mientras que otros son fracasos rotundos, he encontrado la siguiente verdad:

"El éxito no requiere de ninguna apología, mientras que el fracaso no permite excusas."

Con razón o sin ella, la naturaleza humana es tal que las primeras impresiones por lo general son los que perduran. Y lo que es más, la primera impresión puede ser la única que tengamos la oportunidad de dejar en los demás. Por lo tanto, ¡debe ser excelente!

La Autocritica Necesaria

Cualquier persona capaz de leer esta columna seguramente está familiarizada con las reglas ordinarias del aseo personal. Pero la lucha por el éxito exige de una autocrítica mucho más elevada de aseo personal, que involucra también poner especial atención a los detalles que se dejan de lado por negligencia. Por ejemplo, ¿Regularmente revisa el aspecto de sus uñas? Una manicura, proporcionada por su esposa o alguna hermana, no le costaría nada. ¿Su mentón muestra rastros desagradables de vello no recortado? No estaría de más afeitarse de nuevo esa zona para mostrar un rostro completamente pulcro.

Cualquier persona puede lustrar sus zapatos y planchar su propia ropa ayudando a darle un aspecto pulcro a su persona, sin costo alguno.

Recuerde siempre que no hay mejor inversión hacia el éxito que adquirir buena ropa, accesorios y artículos varios de caballero. Pero sin que eso signifique que deba gastar todo su capital en estas compras. Puede buscar ofertas y auténticas gangas con ahorros sustanciales. Y en cuanto a las mujeres, por supuesto, pueden llenar sus armarios con gran cantidad de ropa a muy bajo costo tomando alguno de los muchos cursos gratuitos de costura que se ofrecen en las escuelas públicas de la YWCA y algunos cursos que ofrecen también grupos recreativos.

Vista Como en las "Grandes Ocasiones"

Para los que cuentan con solvencia económica, sinceramente recomiendo que se vistan con lo mejor que normalmente se ponen para las "grandes ocasiones"; con trajes justos a la medida o elegantemente diseñados para causar una buena "primera impresión."

Una vez más, con razón o sin ella, comprobará que las personas se esmeran en ayudar a las personas de buena apariencia económica, ¡pero rehúyen de los de aspecto necesitado o humilde! Por supuesto, esto es un error injustificable, pero que acostumbramos cometer, y por lo tanto, no podemos soslayarlo tampoco.

Pero también hay otra razón, tal vez aún más importante, por la que necesita mantenerse perfectamente presentable cada vez que esté en el ojo público.

Estar bien presentable le dará un estímulo psicológico y una mayor confianza en sí mismo. Su confianza será aún mayor si acostumbra estar bien vestido. Nada es más revelador que un hombre inquieto jugueteando con sus mancuernillas por la falta de costumbre de vestir apropiadamente.

Un Truco Útil de las Mujeres

Muchos hombres, incluso, podrían recurrir a algunos de los trucos que utilizan las mujeres para reforzar su ego, como pudiera ser adquirir un nuevo - y posiblemente innecesario - sombrero. Sea como sea, recurra a lo que sea necesario para darle un impulso a su actitud mental ¡hasta que lo logre! Un nuevo sombrero, corbata, o un par de zapatos pueden hacer maravillas.

Hay otros trucos, también, para vestirse presentablemente y causar buena impresión en la gente. Un nuevo amigo puede no recordar su nombre - pero sin duda se acordará que al conocerlo llevaba un clavel blanco en la solapa o usaba un inmenso anillo. George S. May, un consultor de negocios de Chicago y promotor de golf, acostumbra usar camisas deportivas diseñadas extravagante como su sello personal, lo que le ha ayudado a llevar su fama y fortuna a grandes alturas.

Sin embargo, lo que primero debería hacer es aprender a vestirse adecuadamente para cada ocasión y de allí en adelante dar el gran paso hacia su propio éxito.

Los Lideres Toman Decisiones Fácilmente

E l éxito llega más rápidamente cuando las personas son líderes y supervisan a otros. A pesar de creencia popular, los líderes se hacen - no nacen. Se hacen por esfuerzo propio. Usted - o cualquier persona - puede ser un líder. Pero sólo usted puede convertirse en uno. La cualidad más sobresaliente del liderazgo es la voluntad para tomar decisiones.

La persona que no quiere o no puede tomar decisiones – teniendo argumentos suficientes para hacerlo – nunca será capaz de supervisar a otros.

Puede entrenarse para tomar decisiones de forma rápida y con un mínimo de preocupación por las consecuencias. Es una cuestión de hábito. Puede desarrollar el buen hábito de decidir de inmediato, en el curso de la acción, o desarrollar el mal hábito de la dilación.

Aprenda, en primer lugar, a distinguir entre las decisiones grandes y pequeñas - las que conllevan riesgos o consecuencias muy importantes, y aquellas en las que el resultado no hace mucha diferencia.

Tome pequeñas decisiones lo más rápidamente posible. Tómese más tiempo con las grandes decisiones, asegurándose de tener todos los argumentos a la mano y previamente analizados desde el punto de vista de la lógica. Fíjese un límite definido de tiempo, y cuando se agote esa espera, tome una decisión instantánea.

Y recuerde, que una vez que haya tomado una decisión, nunca mire hacia atrás para preguntarse si hizo lo correcto - o arrepentirse de su decisión. Esta consideración posterior es inútil. Pues lo único que logrará será apartar su mente de tomar nuevas decisiones que inevitablemente tendrá que enfrentar.

Cuando demuestra su voluntad - y entusiasmo - para tomar decisiones, se muestra ante los demás como una persona dispuesta a aceptar responsabilidades. El reconocimiento de este hecho le traerá el respeto de los demás, sobre todo de sus superiores. Este mundo está tan materializado y movido por el dinero que los mandos superiores se sorprenden gratamente cuando descubren a alguien deseoso de asumir responsabilidades con su toma de decisiones. Por lo tanto, inmediatamente distinguen a este tipo de personas de entre los demás trabajadores y prospectos.

Cuando conscientemente acorta el tiempo que le lleva tomar una decisión, se ayuda a sí mismo. Ya que potencializa su iniciativa, su buen juicio, y desarrolla una actitud más flexible y abierta.

En resumen, adopte una actitud más agresiva en la toma de decisiones. ¡Desafíelas! Al hacerlo, impedirá que los pequeños problemas se conviertan en grandes.

Cuando tenga que tomar decisiones, no las posponga pensando que de esa forma desaparecerán.

¡Porque eso nunca sucederá!

El Progreso Requiere de Mentes Abiertas

U na mente abierta es una mente libre. El que cierra su mente a nuevas ideas, conceptos y a la gente, cierra la puerta que esclaviza a su propia mentalidad. La intolerancia es un arma de doble filo que corta de tajo las oportunidades y las líneas de comunicación.

Cuando abre su mente, le da libertad a su imaginación para que actúe en su nombre, desarrollando su visión.

Es difícil de creer en estos tiempos que hace menos de seis décadas había hombres que se reían de los experimentos de vuelos de los hermanos Wright. Y que hace apenas tres décadas, Lindbergh apenas podía encontrar apoyos económicos para su vuelo transatlántico.

Los Burlones de Antes son el Escarnio de Ahora

Hoy en día, los hombres de amplia visión predicen que el hombre pronto llegará a la luna – sin causar la burla de algunos. Porque los pocos burlones de antes, ahora se han vuelto victimas del escarnio popular.

Una mente cerrada es la señal de una personalidad estática, que solo permite que el progreso pase de largo sin aprovechar las oportunidades que brinda.

Sólo si se tiene una mente abierta se puede captar todo el impacto del primer principio de la ciencia del éxito: "Lo que la mente del hombre puede concebir y creer, la mente lo puede lograr."

El hombre bendecido con una mente abierta realiza maravillosas hazañas en los negocios, la industria y las profesiones, mientras que el hombre de mente cerrada sigue con su cantaleta que es "imposible lograrlo".

Haga un Balance de Si Mismo

Sería bueno para usted poder hacer un balance de sí mismo. ¿Está usted entre los que dicen "yo puedo" y "lo haré" o está dentro del grupo que dicen: "No se puede" – justo en el momento en que alguien lo está intentando lograr?

Una mente abierta requiere fe - en sí mismo, en sus semejantes y en el Creador, quien ha trazado un modelo de progreso para el hombre y su universo.

Los días de la superstición se han ido. Pero la sombra de los prejuicios es tan oscura como siempre. Pero usted puede salir de esa oscuridad, examinando de cerca su propia personalidad. ¿Toma sus decisiones basándose en la razón y la lógica en lugar de apoyarse en las emociones y las ideas preconcebidas? ¿Escucha con la debida atención y cuidadosamente los argumentos de la otra persona? ¿Busca los hechos más que seguir los rumores?

Se Requieren Pensamientos Frescos

La mentalidad humana se extingue a menos que esté en contacto permanente con la influencia estimulante de pensamientos frescos. Los comunistas, en su técnica del lavado del cerebro, saben que la forma más rápida para romper la voluntad de un hombre es aislar su mente, y alejarla de libros, periódicos, radio y otros canales de comunicación intelectualmente normales.

En tales circunstancias, el intelecto muere por falta de alimento. Sólo la voluntad más fuerte y la fe más pura pueden salvarlo.

¿Es posible poner en prisión a su mente en un campo de concentración social y cultural? ¿Se ha sometido a un lavado de cerebro por su propia decisión, aislándolo de las ideas que pueden conducir al éxito?

Si es así, entonces es hora de hacer a un lado las barras de los prejuicios que aprisionan a su intelecto.

¡Abra su mente y libérela!

Alcance sus Metas siendo Sincero

Para alcanzar el éxito, se debe tener un objetivo principal definido en la vida. Sus posibilidades de alcanzar ese objetivo serán infinitamente mayores si incluye el deseo sincero de proporcionarles a los demás un mejor producto o servicio. La palabra clave en la frase anterior es "sincero".

La sinceridad es un rasgo que nos alimenta de autosatisfacción, autoestima y de seguridad espiritual de una conciencia clara.

Tenemos que vivir con nosotros mismos las 24 horas del día. La asociación puede no ser agradable cuando no nos conducimos correctamente teniendo el mayor respeto por ese invisible "otro yo", que nos puede servir de guía a la gloria, la fama y la riqueza - o a la miseria y al fracaso.

La Anécdota de Abraham Lincoln

Un amigo de Abraham Lincoln en cierta ocasión le dijo que sus enemigos decían cosas terribles de él.

"No me importa lo que digan," exclamó Lincoln, "siempre y cuando no estén diciendo la verdad."

La sinceridad de propósito hizo a Lincoln inmune contra el miedo a la crítica. Y ese mismo rasgo le ayudó a conocer y resolver los problemas aparentemente insuperables que se generaron durante la guerra civil.

La sinceridad es una cuestión de motivación. Es algo que los demás tienen derecho a cuestionar antes de invertir su tiempo, energía o dinero.

Pruébese a si Mismo

Antes de embarcarse en un curso de acción, ponga a prueba su sinceridad consigo mismo. Hágase esta pregunta: "¿Siempre busco el beneficio personal en lo que voy a hacer, y pongo por delante lo que obtendré de beneficio o salario en los servicios que brindo – porque soy de los que esperan obtener algo a cambio de nada?"

La sinceridad es una de las cosas más difíciles de demostrar a los demás. Pero usted debe estar preparado - y dispuesto - a hacerlo.

Aquí le muestro un ejemplo de lo que una persona hizo para demostrarlo.

Martha Berry fundó una escuela para niños y niñas en las montañas del norte de Georgia, cuyos padres no podían pagar por su educación.

Como necesitaba dinero para llevar a cabo su trabajo, se vio obligada a ir a ver a Henry Ford para pedirle una modesta donación. Pero Ford se negó.

Petición Única

"Bueno, entonces," dijo la señorita Berry, "regálenos por favor un canasto de cacahuates."

La solicitud le pareció tan divertida a Ford que le dio el dinero para que comprara los cacahuates.

La señorita Berry, junto con sus jóvenes alumnos, cultivaron y replantaron los cacahuates hasta que sus ventas acumularon un fondo de $ 500 dólares. Entonces ella tomó ese dinero y se lo llevo a Ford, mostrándole la forma en que había multiplicado su pequeño donativo.

Ford quedó tan impresionado que le regaló a la maestra varios tractores y otros equipos agrícolas para que pudiera poner una granja escuela y se volviera económicamente autosuficiente. Al paso del tiempo, continuó brindándole apoyo económico por más de $ 1.000.000 de dólares, para la construcción de hermosos edificios que ahora forman parte del campus de la escuela que la señorita Berry fundó.

"No pude evitar impresionarme," dijo Ford, "por su sinceridad y la maravillosa forma en que aplica esa franqueza en nombre de los niños y niñas más necesitados."

Usted también puede lograr su propia meta en la vida, adoptando una actitud sincera en su deseo de ayudar a los demás.

La Humildad Ayuda
En los Logros

Muchas personas piensan que la humildad, que es uno de los principales ingredientes de una personalidad agradable, es una virtud negativa. Pero desde luego que no lo es. Es una fuerza positiva. La humildad es realmente una fuerza que el hombre puede poner en funcionamiento para su propio beneficio.

Todos los grandes avances – en el campo espiritual, cultural o material - se han basado en él.

Es el primer requisito del verdadero cristianismo. Con su ayuda Gandhi liberó a la India. Y el Dr.Albert Schweitzer logró crear un mundo mejor para miles de africanos – y para todos nosotros - en las selvas.

La humildad es un elemento absolutamente esencial en el tipo de personalidad que se necesita tener para alcanzar el éxito personal, sin importar cuál sea su meta. Y su uso le resultará aún más importante después de haber llegado a la cima.

Sin humildad nunca obtendrá sabiduría; porque una de las características más importantes de un hombre sabio es la capacidad de reconocer "Haberse equivocado".

Por consiguiente, sin la humildad nunca será capaz de encontrar esa "semilla de un beneficio equivalente" en la adversidad y la derrota.

He encontrado que toda adversidad o derrota, trae consigo algo que le ayuda a superarlo - e incluso mejorarlo. Déjeme darle un ejemplo:

R.G. LeTourneau comenzó en los negocios sufriendo la adversidad del fracaso, pero eso no lo desalentó y se hizo contratista.

Poco después un desastre financiero lo volvió a golpear. Siendo subcontratista en el proyecto de la presa Hoover, tropezó con un inesperado estrato rocoso muy duro que lo hizo perder todo lo que tenía.

Consuelo en la Oración

LaTourneau no trató de culpar a los demás o a las fuerzas de la naturaleza por sus pérdidas. Al contrario, asumió la responsabilidad absoluta por su pérdida. Después de cada revés que enfrentaba, encontraba consuelo en la oración. Fue precisamente mientras oraba después de su última derrota que se encontró con la "semilla de un beneficio equivalente".

Incursionó en el negocio de la fabricación de maquinarias que podrían mover cualquier tipo de tierra o roca - ¡incluyendo el tipo de roca que lo hiciera perder su fortuna en la presa Hoover!

Como resultado, esa maquinaria de movimiento de tierras que creara LeTourneau actualmente se emplea en todo el mundo. LeTourneau ahora tiene cuatro plantas que le han dejado una fortuna personal que asciende a varios millones de dólares.

Da Donativos a las Iglesias

Pero la historia de su humildad no se detiene allí.

Para expresar su gratitud por la ayuda que recibió en convertir su derrota en victoria, LeTourneau actualmente dona la mayor parte de sus ingresos a las iglesias y dedica una gran parte de su tiempo a la predicación.

A veces, la humildad convierte la derrota en una bendición espiritual.

En 1955, llegué como invitado a la casa de Lee Braxton, un hombre de negocios y ex alcalde de Whiteville, Carolina del Norte, ese mismo día él acababa de enterarse que había sufrido una pérdida financiera debido a la negligencia de un socio, en quien había confiado implícitamente durante años.

"¿Cuántas empresas exitosas ha construido y administrado?", le pregunté.

"Aproximadamente 15 en total," respondió Braxton, "Incluyendo el First National Bank de Whitesville. Y nunca he perdido un solo centavo en ninguno de ellos." Me dijo.

"Es por eso que esto duele. Es un feo golpe a mi orgullo. "

La Fortaleza en los Fracasos

"Eso es bueno", le dije. "Porque está a punto de aprender que posee la misma fortaleza en los momentos de fracaso que cuando tiene éxito. Su pérdida puede ser una gran bendición si permite que lo oriente la humildad de su corazón y gratitud por las riquezas que aún posee. Con ese gesto, usted podrá tener más éxito que nunca."

El rostro de Braxton se iluminó con una amplia sonrisa. "Tiene razón", dijo. "No lo había pensado de esa manera."

Unos meses más tarde, recibí una carta de Braxton. En la que me decía que sus ingresos habían aumentado a un máximo histórico, compensando notablemente la pérdida que había sufrido.

La humildad es una fuerza positiva que no conoce límites.

El Sentido del Humor Facilita el Camino

Su sentido del humor es un gran activo que puede suavizar los baches en el camino hacia el éxito. Si usted es una de esas personas bendecidas con un carácter genuinamente alegre, entonces puede considerarse afortunado. Si no es así, de todos modos, puede desarrollar ese carácter.

Es obvio que un buen sentido del humor contribuye en hacer más agradable y atractiva su personalidad. A veces eso por si solo le ayuda a lograr el éxito.

Pero más que eso, le puede ayudar a superar los fracasos momentáneos, para elevarse por encima de ellos y buscar nuevas vías de acción que le pondrán de regreso en el camino del éxito.

Un excelente sentido del humor se basa principalmente en la humildad. Con su ayuda podemos reconocer nuestros fracasos y miedos, reírnos de ellos y superarlos. Y también, con su ayuda se puede hacer a un lado las preocupaciones que traen consigo las circunstancias adversas, para que no se conviertan en obstáculos en el camino hacia su meta.

La Familia Ayudó

Fue precisamente este tipo de buen humor lo que le permitió a Minnie Lee Steen y sus cuatro hijos pequeños a soportar privaciones severas en los desiertos de Utah, mientras su marido, Charles, buscaba uranio en la zona en 1950.

El agua era tan escasa que el bebé tenía que beber té endulzado. La familia comía tan poco que tenían que cazar venado para alimentarse. El pan de la tienda era un lujo que cuando los niños lo comían "les sabía a un suculento pastel."

Con todo y esto, Charles y Minnie Lee Steen mantuvieron su sentido del humor durante dos años. Incluso ingeniando la creación de un juego para sus niños que disfrutaban a raudales. Como resultado, todos sus problemas nunca pudieron aplastar el estado de ánimo de esta valiente familia. Al final, Steen ganó. Charles halló mineral de uranio, que en tres años le produjo $ 70 millones de dólares en mineral. Sus propiedades se estiman en un mínimo de $ 60 millones actualmente.

Superando la Discapacidad

Ahora Charles y Minnie Lee Steen están sentados en la cima del mundo, en gran parte debido a su buen humor permanente.

Y ese mismo tipo de buen humor es el que ayudó a Joe Mayer cuando salió de la Primera Guerra Mundial con la mandíbula destrozada, mutilado y, para efectos prácticos, sin capacidad auditiva.

Él buscó deliberadamente un campo de trabajo donde la sordera sería un serio obstáculo – el área de ventas - y aún así salió adelante. Actualmente es vicepresidente de la American Linen Supply Co., en Chicago.

"Sin un sentido del humor", dice Joe Mayer, "no se puede disfrutar la vida

"Y cuanto más aprendo a reírme de mis problemas, menos importantes me parecen hasta el grado que desaparecen por completo."

Cuente las Bendiciones

Lo que Joe Mayer, Charles Steen y miles de personas han hecho, también usted lo puede hacer.

En primer lugar, aprenda a contar sus bendiciones y activos más frecuentemente de cómo lo hace con sus problemas y dificultades. Priorícelos en su mente. Si se le dificulta hacer esto, haga un inventario escrito de ellos y léalos a si mismo cada vez que empiece a preocuparse.

Recuerde que muchas de sus bendiciones son tesoros escondidos, artículos comunes de uso diario que frecuentemente damos por sentado. Entre ellos mencionaría nuestro estado de salud, por ejemplo. O el amor, la admiración y la fe en la familia que existe en nuestro interior.

Aprenda a considerar sus problemas como peldaños hacia el éxito. Superar cada uno le ayudará a acercarse a su objetivo.

Pudo Ser Peor

Recuerde que cada mala situación pudo haber sido peor - como el hombre que maldecía su suerte por no tener zapatos, hasta que conoció a un hombre que no tenía pies. Nunca deje un solo día sin una oración de agradecimiento por la bendición que esté disfrutando, no importa lo pequeña que sea esa bendición. Y salgase de su rutina todos los días a invertir parte de su tiempo y energía en ayudar a los demás. ¡Arroje su pan a las aguas! Recuerde también que ningún problema es único o nuevo. Siempre se puede pedir consejo o ayuda. Y nunca estamos solos. Un mayor poder siempre está con nosotros. Aprenda a confiar en ese poder divino.

Habitúese a satisfacer sus problemas de frente, con un espíritu de audacia, coraje y decisión. Porque como dijera Emerson:

"Una aventura no es más que una inconveniencia correcta."

El Rasgo Impaciente de los Americanos

Los estadounidenses están siempre de prisa. Los extranjeros consideran esto como nuestra característica más singular. Y tienen razón. Es un rasgo nacional que nos identifica por nuestra energía poderosa, que es nuestra mayor fuente de fortaleza. Sin embargo, esta misma energía - esta fuerza de conducción que exige su transformación inmediata en la acción - también puede ser una fuente de debilidad. Por eso también nos ha convertido en las personas más impacientes de todo el mundo.

En tiempos de guerra, muchos de nuestros soldados se veían en desventaja fatal ante el enemigo debido a su impaciencia típicamente americana. Con frecuencia, se exponían al fuego enemigo innecesariamente en lugar de recurrir a la paciencia que caracteriza al francotirador.

La Paciencia Exige Valentía

La paciencia requiere de su propio tipo peculiar de coraje. Es un estado persistente de estoicismo y fortaleza que se deriva de la completa dedicación a un ideal o meta. Por eso, mientras más fuerte este inmerso en la idea de lograr su meta en la vida, más paciencia deberá tener para superar los obstáculos que enfrente.

El tipo de paciencia de la que estoy hablando es dinámica, y no pasiva. Es una fuerza positiva en lugar de una sumisión tolerante con las circunstancias. Y brota del mismo tipo de inmensa energía que los estadounidenses poseen en abundancia. Sin embargo, debe controlarse estrechamente y canalizarse adecuadamente hacia un solo objetivo con fijación casi fanática.

Es la clase de paciencia que Thomas A. Edison poseía cuando estaba en la búsqueda de un material adecuado como lo era el filamento de la lámpara incandescente.

10,000 Veces Derrotado

Aproximadamente, Edison sufrió 10.000 derrotas mientras probaba y desechaba un material tras otro, hasta que finalmente encontró el apropiado.

Una vez le pregunté a Edison, durante una conversación, que es lo que habría hecho si aún no tuviera éxito en su objetivo deseado.

"En ese caso, todavía estaría en mi laboratorio buscando la respuesta correcta en lugar de perder el tiempo hablando con usted", respondió con una sonrisa que suavizó sus palabras.

Constanza Bannister considera que la impaciencia es su mayor defecto. Sin embargo, deliberadamente incursionó en una profesión donde la paciencia es el principal requisito - fotografiar bebés - y en ese campo se ha convertido en una persona muy exitosa.

Y agrega, "Para obtener la expresión deseada en un bebé, tengo que repetir y repetir, explicar y explicar, en un tono de voz suave,"

Desarrolla el Sentido del Humor

"Me gusta fotografiar bebés porque me ayuda mucho a desarrollar el sentido del humor y a ser creativa en otros campos."

¿Cómo se puede desarrollar la paciencia? Es fácil, lo primero es tomar una decisión en cuanto al objetivo principal en la vida y concentrarse en ese objetivo con toda la voluntad hasta que se impregne de un deseo ardiente de lograrlo - y por consiguiente, dirigir hacia ese fin cada pensamiento, acción y plegaria.

Ese exactamente es el mismo tipo de idea fija que dotó a Edisón de la paciencia necesaria para inventar la bombilla eléctrica, y es la misma que hizo a Salk producir una vacuna contra la poliomielitis, a Hilary escalar el Monte Everest, y a Helen Keller a triunfar sobre impedimentos físicos aparentemente insuperables.

El mismo tipo de concentración en su objetivo principal le proporcionará la paciencia que necesita para lograrlo.

La Sabiduría de Llamar La Atención

En la lección de hoy acerca de la Ciencia del Éxito, estudiaremos el caso de Joe Dull. Joe es un chico muy trabajador - diligente, fiel, puntual, confiable y lleno de recursos. En su trabajo da más allá de lo que se le pide en cuanto a tiempo, esfuerzo y energía. Sin duda, se podría pensar, que Joe está en el camino seguro de alcanzar el éxito. Pero no es así. Joe no va a ninguna parte. Otros, mucho menos valiosos que él, son promovidos a mejores puestos y con mayor salario.

El hecho es que Joe no tiene talento para llamar la atención. Simplemente no atrae la atención del jefe.

¿Es usted, como Joe? Si es así, desarrolle este talento y verá lo fácil que es subir la escalera del éxito.

Pero una palabra de precaución es necesaria. Hay una clara diferencia entre lo que verdaderamente es llamar la atención y lo que son algunas otras formas menos honestas de exhibicionismo. Por ejemplo, los aduladores normalmente se ganan más enemigos que amigos. Lo mismo ocurre con la jactancia.

Este talento implica ser algo creativo. Tiene, como su nombre lo indica, un cierto valor de entretenimiento. Exige ingenio y un buen sentido de la oportunidad.

El Ejemplo de un Candidato

Recuerdo, por ejemplo, cuando Alexander Brummit era candidato a sheriff del condado de Wise, Virginia. Brummit organizó un "grupo de trabajo" para construir un nuevo hogar para una madre viuda. Visitó a los ciudadanos y se encargó de juntar la fuerza de trabajo y convenció a comerciantes y dueños de tiendas a que aportarán los materiales y el mobiliario. Incluso organizó junto con las esposas de los trabajadores voluntarios un gran día de campo.

Después de que la casa se construyera en un solo día, Brummit convirtió ese día de campo en una reunión política, pronunció un discurso que ya había preparado previamente, en el que involucró a todos los ciudadanos del condado en edad de votar.

Les agradeció haberse unido a él para llevar a cabo la labor comunitaria en beneficio de una integrante de la comunidad y concluyó pidiendo su apoyo de nuevo – pero esta vez para que la comunidad en su conjunto - "me elijan para el cargo de sheriff del condado Wise, para aplicar la ley y proporcionarles la seguridad que se merecen."

Su estilo de llamar la atención lo colocó en el cargo deseado con una Victoria aplastante.

Macfadden era todo Un Espectáculo

El Estilo de Bernarr Macfadden, fanático de llamar la atención, a veces rayaba en lo extravagante, pero le había dejado cuantiosas ganancias en millones de dólares. Sus excentricidades llegaban a lo ridículo como lanzarse en paracaídas en ropa interior, caminar por las calles de Broadway con los pies descalzos, y siempre mostrando su extraordinario desarrollo muscular.

Desde luego que usted no necesita de llegar a tales extremos. A veces, simplemente con recurrir a las sutilezas de la cortesía y la educación puede lograr el mismo propósito.

Glenn R. Fouché, presidente de la Stayform Co., cuenta la historia de un amigo que llegó a presidente de una gran compañía de grúas en Texas, simplemente utilizando ese método sencillo.

De joven, cuando vendió su primera grúa pequeña, le escribió al jefe del departamento de envíos dándole las gracias por conseguir que la orden fuera entregada con prontitud. También le escribió al superintendente del departamento de pintura para decirle lo feliz que se puso cuando vio el acabado rojo brillante que le había aplicado a la grúa. Con el paso de los años siguió esta costumbre de felicitar a todos aquellos trabajadores de la empresa que participaban en el suministro de los equipos que él vendía.

Recuerde que el verdadero talento para llamar la atención debe seguir un rumbo positivo. Nunca "menosprecie" o minimice el valor de otras personas. No se puede subir hacia el éxito en el hombro de alguien más.

Si es usted es como el confiable Joe Dull, puede que esté siendo demasiado modesto, demasiado tímido y retraído, para presentar personalmente sus ideas, sugerencias y ofertas de servicio adicional a su jefe. En ese caso, recurra a las notas escritas. ¡De cualquier modo, es un medio que llega a donde debe llegar!

Pero no se quede cruzado de brazos. Comience desde este momento a recurrir al método de llamar la atención como una herramienta que lo llevará al éxito.

Las Esperanzas y Los Sueños Llevan a la Grandeza

L a esperanza es la materia prima con la que se construye el éxito. La esperanza se cristaliza en la fe, la fe en la determinación y la determinación en la acción.

Surge principalmente de sus sueños de lograr un mundo mejor, una mejor vida, y un mejor mañana.

Mediante la esperanza, determina su objetivo principal en la vida y lo convierte en realidad.

Hace años, por ejemplo, James J. Hill estaba sentado en su oficina de telégrafos enviando un mensaje de una mujer a una amiga cuyo marido había muerto en un accidente ferroviario. El mensaje decía "Tu dolor lo puede mitigar la esperanza de encontrarte nuevamente con tu marido en un mundo mejor."

La "Esperanza" Lleva al Sueño

La palabra "esperanza" quedó impresa en la mente de Hill. Empezó a pensar en el poder y las posibilidades que tiene la esperanza. Eso le llevó a soñar con que algún día pudiera construirse un nuevo ferrocarril al Oeste.

El sueño se fortaleció gradualmente hasta convertirse en una determinación clara que Hill llevó a buen término con la construcción de la línea Ferroviaria del Norte

Manuel L. Quezon se atrevió a soñar y ver algún día realizado el autogobierno en su amada las islas Filipinas. Incluso se atrevió a soñar con llegar a ser algún día el presidente de una libre República de Filipinas.

Trabajó 24 Horas

Su esperanza se convirtió en fe y después en acción, mientras maniobraba para conseguir que lo nombraran comisionado residente de las islas.

Durante 24 años, canalizó todos sus esfuerzos en lograr que un día el territorio se convirtiera en un país independiente. Lo sé, porque él fue un buen amigo mío y me permitió que lo aconsejara a menudo en la forma de alcanzar sus objetivos políticos. Sus esfuerzos, como se sabe, fueron un éxito. El día en que fue elegido presidente de la nueva República de Filipinas, Quezon me envió este telegrama:

"Te agradezco de todo corazón por haberme inspirado para mantener el fuego de la esperanza ardiendo en mi corazón hasta este glorioso día de triunfo."

Soñar Grandes Sueños

La lección que se debe aprender de la historia de Quezon, es que usted debe dar rienda suelta a su libre imaginación para crear esperanzas. Atrévase a soñar grandes sueños. Llénese de la fe de que nada es imposible "lo que la mente del hombre puede concebir y creer, la mente del hombre lo puede lograr."

Con la esperanza y la fe, establezca su objetivo principal. Escríbalo. Comprométase de memoria. Que sea la estrella fija que ilumine y trace su camino hacia el éxito. Luego tome decisiones para que se haga realidad.

Cada historia de éxito con un final feliz comienza con las palabras: "Erase una vez un hombre que tenía la esperanza de que algún día...."

Haga que su historia comience de la misma forma.

Los Demás lo Califican por su Forma de Hablar

C ada nueva persona que conoce es un juez, en donde usted es el acusado. Esa persona juzga, de manera consciente o inconsciente, el tipo de persona que es usted, lo que piensa, y lo que denota. Lo que estas personas piensen de usted durante esos breves encuentros dependerá de dos cosas – la apariencia que demuestra y la manera en que habla.

Debe causar la mejor impresión posible en toda circunstancia. Ya que la siguiente persona que conozca podría ser la que le diera el fuerte impulso que requiere para subir por la escalera del éxito.

Su manera de hablar y la elección de sus palabras comunican más que cualquier otro factor, a favor o en contra suya.

Por lo tanto, deberá hacer de esto una regla de vida: siempre elija sus palabras con el mismo pensamiento y cuidado que manifestaría si estuviera hablando en un estadio ante 10.000 personas y con otras 10 millones más a través de la radio.

La Sencillez es lo Mejor

Eso no significa que usted deba utilizar un lenguaje altisonante, formal o rebuscado. Basta con que utilice un lenguaje sencillo y conversacional, que usualmente transmite mucho más fuerza y sentido.

Y si bien es cierto que es deseable tener una gramática correcta al hablar, algunos de los pensamientos más profundos se han expresado adoleciendo de fallas gramaticales, como en el caso de Einstein

También es absolutamente esencial contar con un buen vocabulario, ya que a mayor número de palabras tengamos en stock mayor será nuestra capacidad de expresarnos con soltura. Con un reducido vocabulario nuestra gama de pensamiento se limita notablemente.

Si no tiene un buen vocabulario, habitúese diariamente a repasar un buen diccionario. Uno recomendable es el Tesauro de Roget que nos proporciona los matices de los significados entre sinónimos. Aprenda una palabra nueva cada día, escríbala por lo menos en 10 oraciones como práctica. Salga de la rutina y úsela tan a menudo como le sea posible.

Equípese de Sinónimos

La palabra no tiene que ser larga o difícil, sino llena de significado. Enfóquese en aquellos verbos y palabras que lleven ideas subjetivas difíciles de expresar, excepto que tenga palabras sinónimas a su alcance.

A continuación, aprenda a utilizar la palabra correcta en el lugar apropiado y en el momento oportuno. Esto sólo lo logrará con la práctica de la conversación diaria.

A partir de este momento, borre por completo de su vocabulario todas las malas palabras, blasfemias, obscenidades e irreverencias.

El empleo de malas palabras es un claro indicativo de la falta de vocabulario que uno tiene para poder expresar las emociones apropiadamente.

Solo los patanes que no poseen la habilidad de ser muy graciosos o divertidos, recurren a las malas palabras, los chistes subidos de tono y al doble sentido

La irreverencia ante nuestros símbolos divinos o la de los demás es siempre de mal gusto e imperdonable.

Esta discusión sobre el uso de las palabras adecuadas trae a mi mente una historia que una vez escuché en una cena de gala ofrecida por el ex primer ministro de Gran Bretaña.

El Pez por la Boca Muere

Un caballero de aspecto muy distinguido apareció en la cena vistiendo impecablemente. Su aspecto impresionó a todos. Pero nadie parecía conocerlo.

Cuando se servía la cena, el camarero le ofreció al caballero bien vestido, un plato de patatas horneadas. El visitante sonrió y habló por primera vez. "Ah! Así que estos cachorros son para mí!" Exclamó estridentemente con un acento de los barrios bajos londinenses. De inmediato fue expulsado como intruso del banquete.

La moraleja de la historia es: Si no sabe la palabra correcta para cada ocasión, mantenga la boca cerrada y evítese problemas.

Sea Optimista y Alcance sus Metas

E l optimismo es una cuestión de hábito mental. Aprenda a practicar el hábito del optimismo - y por lo tanto mejore en gran medida sus posibilidades de lograr el éxito. O bien, húndase en el pozo del pesimismo y el fracaso.

El optimismo es uno de los rasgos más importantes de una personalidad agradable. Pero es resultado en gran medida de otros rasgos de los que ya hemos hablado – como lo es el buen sentido del humor, la esperanza, la capacidad de superar el miedo, la alegría, una actitud mental positiva, la flexibilidad, la fe y la determinación.

El pesimista teme al diablo y pasa la mayor parte de su tiempo luchando contra él.

El optimista ama a su Creador y dedica su tiempo a adorarlo.

Se puede luchar contra el pesimismo mediante la creencia completa en dos de las verdades más fundamentales de la Ciencia del Éxito:

1. "Lo que la mente del hombre puede concebir y creer, la mente lo puede lograr."

2. "Cada adversidad y derrota lleva la semilla de un beneficio equivalente, si somos lo suficientemente ingenioso para encontrarlo."

Haga Planes Placenteros

En lugar de preocuparse por las cosas malas que pudieran suceder, dedique unos minutos de cada día a pensar en los acontecimientos agradables que podrían suceder ¡mañana, la próxima semana, el próximo año! Pensando en ellos, de pronto se verá haciendo planes ¡para hacer que todo eso suceda! De ese modo, estará cultivando el hábito del optimismo.

123

Recuerde que todo gran líder u hombre de éxito no conoce el pesimismo. ¿Se imaginan a un líder prometiéndole a sus seguidores solo desesperación y derrota?

Incluso en los días más oscuros de la Guerra Civil, los líderes de ambas partes - como Lincoln y Lee – tenían su fe puesta en que días mejores llegarían. El optimismo natural de Franklin D. Roosevelt dio un nuevo espíritu de esperanza a una nación inmersa en las profundidades de la Gran Depresión.

Incluso los nefastos líderes - Hitler, Stalin, Mao y Mussolini - confiaban en la promesa de días mejores para ganar seguidores, y empleaban frases como "mañana el mundo", "no hay nada que perder más que sus cadenas", y "la nueva Asia".

Pudiendo vivir bajo el mejor sistema político, económico y social de la historia humana – ¿se daría el lujo de vivir con menos?

Recuerde que los iguales se atraen en las relaciones humanas, sin importar las reglas que controlen el mundo físico. Un optimista tiende a congregarse con los optimistas, al igual que el éxito atrae más éxito.

Por el contrario, el pesimista genera preocupaciones y problemas, sin necesidad de abrir la boca y actuar, porque su actitud mental negativa actúa como un imán perfecto para atraer lo peor.

El optimismo es, en sí mismo, una especie de éxito. Porque significa que se tiene una mente sana, pacífica y feliz. Un hombre extremadamente rico puede ser un fracaso en lo físico, si su constante pesimismo le genera constantes úlceras.

El optimismo no es un estado de ánimo en el que se vaticina a los cuatro vientos eventos futuros de creencias idealistas que nos redimirán. Tal punto de vista es sólo para los tontos.

Use su Sano Juicio

Sin embargo, existe la firme convicción que se puede hacer que las cosas salgan bien pensando a futuro y decidiendo sobre un curso de acción basado en una sana crítica. Déjeme darle un ejemplo.

Durante el gran auge de 1928, aparecían por todas partes falsos optimistas que se negaban a creer que la burbuja económica algún día podría estallar. Se burlaban de esos pocos "pesimistas" con visión de futuro, que advertían que la nación estaba pisando terreno peligroso inflacionista y especulativo.

Cuando la crisis estalló, los "optimistas" quedaron atrapados en la inercia. Muchos carecían de la fortaleza espiritual para buscar la victoria en la derrota y se revelaron a sí mismos como unos verdaderos pesimistas.

Pero los que habían avizorado esta situación sin miedo y honestidad ahora se encontraban en una posición segura y sin sobresaltos, pues como buenos previsores habían vendido sus acciones con suficiente tiempo para estar ahora tranquilos. Con esta acción se revelaron como unos verdaderos optimistas

Usted puede ser ese tipo de optimista. Aprenda a enfrentar el futuro. Analícelo. Pondere los factores con buen juicio. A continuación, decida su curso de acción para que las cosas salgan como lo desea.

Encontrará que el futuro nos depara cosas buenas en vez de despertarnos temor.

Parte III

Naperville Sun

Serie de la Ciencia del Éxito

Septiembre 1956 – Enero 1957

"El rápido ritmo al que se mueve el mundo hoy en día ha creado miles de necesidades que ni siquiera existían hace cincuenta años. Esta fórmula nos demuestra que la única limitación es la que usted crea en su propia mente."

First Six Articles Reprinted By Popular Demand

'How To Be Success

So many enthusiastic readers have telephoned The Miami News requesting extra and back copies of articles in Napoleon Hill's series, "The Science of Success." The Miami Sunday News is reprinting the first six installments today. The series started last Sunday and will continue Sunday through Friday, for two more weeks. For those who missed the beginning of Mr. Hill's formula telling how YOU can be successful, start here:

I – SUCCESS FOR YOU

Your success is unlimited except by your own ambition and desires!

If YOU are ready, you can mark this day as the most important turning-point of your life, regardless of your past failures, your present handicaps, or what it is that you desire most from life.

There is a 17-part formula for success—just as there is a formula for failure. Your success formula begins now, with this notice to you of your right to its use. This formula has been used in whole or in part by every human being who has achieved any measure of success—many of whom acquired the formula through a trial and error method. It is now being made available to you in its entirety.

Now H...

that little education and lack of working capital need not discourage you from choosing any goal in life you desire.

Definiteness of Purpose
Madame Marie Curie revealed the existence and the hiding place of radium despite the fact that no one else had ever done so. And Dr. Einstein led the way to the splitting of the atom and the resultant release of power, which other men, with less definiteness of purpose than he, believed impossible.

Definiteness of purpose makes the word "impossible" obsolete. It is the starting-point of all successful achievements. It is available to you and everyone, without money and without pill. All you need is the personal initiative to embrace it and use it.

Unless you kno...

HENRY J. KAISER

knew where they were going and had a plan for getting there.

To be sure of success, satur-ate your mind complet...

Flora Macdonald College
Red Springs, North Carolina

April 2, 1956

OFFICE OF THE PRESIDENT

The Managing Editor
Twin-City Sentinel
Winston-Salem, North Carolina

Dear Sir:

Enclosed you will find a dollar bill. Will you kindly request your Circulation Department to send me copies of the "Twin-City Sentinel" containing the 18 articles written by Napoleon Hill which began in your March 12 issue.

My heartiest congratulations to you and your associates for pub-lishing these splendid articles written by Napoleon Hill. When I was the pastor of the First Presbyterian Church of Tampa, Florida, I had the privilege of meeting him and since that time have followed his work with interest and growing admiration. As far as I know, I have read every-thing he has written. His philosophy ought to receive wide circulation. His principles of success have been developed by Napoleon Hill from the insights he has received from his contacts with hundreds of successful ... whom he has personally interviewed. It is my firm conviction that if hi ... of Achievements could be taught to young people today, it would l ... ... life of our nation.

... and I am confident that ... of all of

Articulo I
El Éxito le Pertenece

Su éxito es ilimitado excepto ¡por su propia ambición y deseos! Si usted está listo, puede marcar este día como el momento decisivo más importante de su vida, independientemente de sus errores del pasado, de sus impedimentos actuales, o de lo que desee más en la vida. Hay una fórmula para el éxito - al igual que existe una fórmula para el fracaso. La fórmula, dividida en diecisiete partes, ahora se pone a disposición de los lectores del Sun; y los iremos analizando cada uno por semana a través de esta columna. Todo ser humano que ha conocido el éxito en su vida, ha utilizado en su totalidad o parcialmente esta fórmula.

W. Clement Stone utilizó la fórmula del éxito con tanta eficacia que ahora es presidente de cuatro grandes compañías de seguros, a pesar de que inició su actividad ¡con sólo $ 100 dólares en efectivo y acompañado de la fórmula!

Earl Nightingale, la famosa estrella de radio y televisión de Chicago, entró en posesión de esta fórmula hace unos años mientras trabajaba ganando un modesto salario. Él lo utilizó con tanta eficacia que ahora es presidente de dos empresas y director de varias otras.

Brownie Wise, una ex ama de casa que ahora es una de las mujeres de negocios más exitosas del mundo, aplicó la famosa fórmula hace tan solo unos años, y hoy es la directora de Tupperware Home Parties, una organización a escala nacional con miles de empleados.

Conrad Hilton nació en circunstancias humildes en una casa de adobe en Cisco, Texas. Mediante la aplicación de sólo una parte de los diecisiete partes de la fórmula del éxito, se ha convertido en el director de la red de hoteles más importantes del mundo. Y dijo recientemente, "El valor de la persona lo determina lo que uno hace de sí mismo"

No importa en donde comience un hombre en este país. Lo importante es - ¿cuál es su objetivo? y ¿cómo planea lograrlo?

Solo en una nación como los EE.UU, podría darse el caso de un inmigrante humilde empujando un carrito de plátanos y terminando siendo el director del sistema bancario más grande del mundo, como lo hiciera Gianini el inmigrante de origen italiano. No sólo se levantó de su pobreza a la riqueza mediante el uso de la fórmula del éxito, sino que también ha usado la misma fórmula para hacer del Banco de América, que él fundó, el sistema bancario más grande del mundo.

Estamos viviendo una época que ha sido bendecida con más invenciones y más formas de comercializar los servicios personales, que todos aquellos que existieron en la historia de la humanidad, antes del inicio de este siglo.

No permita que nadie lo desanime, sugiriéndole que las oportunidades son cosa del pasado. El rápido ritmo al que se mueve el mundo de hoy en día ha creado miles de necesidades que ni siquiera existían hace cincuenta años. Esta fórmula demuestra que la única limitación es la que usted mismo crea en su propia mente.

El primer paso a seguir para el éxito aparecerá en esta misma columna la siguiente semana.

Articulo II
Elija su Objetivo

Antes de empezar a construir una casa, primero se debe elaborar un plano o croquis de lo que se desea. Nunca se debe iniciar un viaje sin saber a dónde se va o cómo llegar a ese destino.

Sin embargo, sólo dos personas de cada mil saben exactamente lo que desean de la vida, y hacen planes viables para la consecución de sus objetivos. Estos seres excepcionales son hombres y mujeres que son líderes en todos los ámbitos de la vida – y muy exitosos, al grado que han hecho que la vida les pague en sus propios términos.

Lo sorprendente de estas personas exitosas es que no poseen más personalidad, ni más educación, ni tuvieron más oportunidades que otros que nunca alcanzaron sus objetivos.

Si usted sabe exactamente lo que quiere, y tiene fe absoluta en su capacidad para conseguirlo, entonces puede lograr el éxito. Si no está seguro de lo que quiere de la vida, comience desde este momento a averiguarlo.

En primer lugar, escriba una clara declaración de lo que más desea – el objetivo o circunstancia que, después de alcanzarlo, justificaría que a usted se le llamara una persona exitosa.

En segundo lugar, escriba una descripción clara del plan mediante el cual alcanzará el objetivo propuesto, sin omitir por supuesto, lo que estará dispuesto a dar a cambio.

En tercer lugar, establezca un límite de tiempo determinado en el que alcanzara su objetivo principal.

En cuarto lugar, memorice lo que ha escrito y repítalo muchas veces al día, como si fuera una plegaria. Termine la oración expresando su gratitud por haber recibido aquello que estableció en su plan.

Siga estas instrucciones al pie de la letra, y se sorprenderá de lo pronto que toda su vida mejorará. Guárdeselo y no comente esto que está usted haciendo, para que no lo molesten los escépticos que están cerca de usted y que no entienden la profundidad de esta ley que está siguiendo.

Recuerde - nada nunca "¡sucede solo por suceder!" Sino que debemos hacer que las cosas sucedan, incluyendo el éxito individual. El éxito en cada persona es el resultado de una acción determinada, cuidadosamente planificada, y persistentemente realizada.

La Definición de Objetivos hace que la palabra "imposible" sea obsoleta. Es el punto de partida de todos los logros exitosos. Está disponible para usted y el resto de la gente, a ningún costo y sin dinero a cambio. Todo lo que necesita es abrazar y usar su propia iniciativa personal.

Cuando sabe lo que quiere de la vida, y está decidido a conseguirlo, no se ve obligado a aceptar las migajas que dejan los demás, que si saben a dónde van y cuentan con un plan para llegar a lo que quieren.

Para estar seguro del éxito, sature su mente completamente con su objetivo. Piense y planifique sobre lo que desea. Aleje de su mente lo que no quiera. Usted tiene aquí la fórmula práctica que todas las personas exitosas siguen.

Articulo III
Mantenga una Actitud Mental Positiva

C uando se le preguntó al difunto Henry Ford lo que había contribuido a su éxito, respondió: "Tengo mi mente tan ocupada pensando en lo que quiero lograr que no hay lugar para pensar en las cosas que no quiero." Cuando se le preguntó lo que más se requería para la operación exitosa de su gran imperio del automóvil, Ford exclamó inmediatamente: "más hombres que no sepan nada acerca de cómo no se puede hacer algo."

Y Thomas Edison, el inventor más grande de todos los tiempos, sorprendió a sus amigos al decirles que su sordera era su mayor bendición, ya que lo había salvado de la molestia de tener que escuchar los acontecimientos negativos en los que no tenía ningún interés, y le había permitido concentrarse en sus objetivos con una actitud mental positiva.

Uno de los rasgos más extraños del ser humano radica en el hecho que a menudo toma la tragedia, fracaso, o algún tipo de desgracia como una lección que le ayuda a comprender el poder que representa tener una actitud mental positiva.

Milo C. Jones de Fort Atkinson, Wisconsin, llevaba una modesta vida como agricultor - hasta que sufrió una parálisis. Con ello descubrió que su poder mental era superior a sus músculos y fuerza muscular. Su olfato para el negocio lo hizo concebir la idea de las salchichas "Little Pig" que lo volvió fabulosamente rico en esa misma granja en la que antes vivía modestamente.

Su actitud mental es el medio por el cual puede equilibrar su vida y su relación con las demás personas y circunstancias, para atraer a usted lo que desee. "Lo que la

mente puede concebir y creer, la mente lo puede lograr."
Recorte esta línea y péguelo en su espejo donde lo puede ver
todos los días de su vida.

Artículo IV
Recorra el Kilómetro Extra

Y si alguien lo obliga a llevarle la carga por un kilómetro, vaya y llévesela al doble." Esto bien podría ser la más profunda enseñanza de las Escrituras. Va mucho más allá de la regla de oro, amonestándonos para que demos a nuestros semejantes no sólo lo que esperan y tienen derecho a recibir – sino mucho más que eso.

El concepto del "kilometro extra" – o dar más allá - se presenta en otra parte de la Escritura que dice: "Todo lo que el hombre siembra, también lo cosecha."

Ir el Kilómetro extra significa hacer más y mejor servicio de lo habitual o necesario - y hacerlo de manera positiva, con una agradable actitud mental. Es el único argumento justo para cualquier persona que solicita un aumento de sueldo o un ascenso. O cualquier favor que pida.

Carol Downes, un joven cajero de banco, cambió de empleo y se fue a trabajar para William C. Durant, fundador de la gran empresa General Motors Corporation. El primer día sucedió algo que hizo que Downes recibiera una promoción tras otra, y que lo hizo con el tiempo un hombre muy rico.

Resulta que cierto día sonó la alarma de emergencia obligando a los trabajadores a salir de las instalaciones. Todo mundo se precipitó hacia la puerta. Excepto Downes que se mantuvo en su escritorio. Minutos más tarde, Durant salió de su oficina y vio a Downes todavía en su escritorio, intrigado le pidió que le llevara un lápiz.

Downes consiguió dos lápices nuevos, cuidadosamente los afiló y, sonriendo, se los dio al magnate automotriz. Todos los días Downes se quedaba más tiempo de su hora de salida, con la esperanza, como lo decía, de estar disponible cuando a su jefe se le ofreciera algo. Esa actitud mental recompensó a

135

Downes con un empleo de $ 50,000 dólares anuales debido a su sociedad con Durant.

Los beneficios que uno recibe por el hábito de hacer un esfuerzo adicional no siempre vienen de las personas o de la fuente a la que se le presta el servicio. A veces, los dividendos se reciben excesivamente retrasados. Pero cuando llegan, a menudo se multiplican mucho más en comparación con la naturaleza y alcance de los servicios prestados.

El sabio sabe que antes de que pueda obtener una cosecha de riquezas de cualquier tipo, debe haber sembrado primero la semilla apropiada que garantice esa cosecha.

Artículo V
Piense con Precisión

Su poder de pensamiento es la única cosa sobre la que tiene control absoluto. Para utilizar este poder de forma eficaz, debe pensar con precisión. El carácter sagrado de este exclusivo privilegio radica en el hecho de que el Creador lo reservó para el hombre, como un distintivo que lo diferencia de todos los demás seres vivos.

Los pensadores precisos no permiten que nadie influya en su forma de pensar.

Las personas exitosas tienen un sistema definido por el cual llegan a decisiones con precisión. Recogen información y obtienen opiniones de los demás. Aunque en el análisis final se reserva para sí mismo el privilegio de tomar decisiones.

La precisión de pensamiento se basa en dos fundamentos principales, (1) el razonamiento inductivo basado en la suposición de hechos o hipótesis desconocidos, cuando los hechos no están disponibles, y (2) el razonamiento deductivo, basado en hechos conocidos, o en supuestos hechos.

El pensador preciso siempre ejecuta dos pasos importantes. Primero, separa los hechos de la ficción o evidencia de oídas que no puede ser verificado. Y en segundo lugar, divide los hechos en dos clases - importantes e intrascendentes.

Un hecho importante es aquel que puede utilizar provechosamente en la consecución de su objetivo. Todos los demás no valen nada.

Es una tragedia que muchas personas basen su pensamiento en testimonios de oídas irrelevante y hechos sin importancia que solo conducen a la miseria y al fracaso.

El pensador preciso reconoce que la mayoría de las "opiniones" expresadas por los demás no valen nada, incluso pueden ser peligrosas cuando se aceptan como válidas, ya que pueden fundamentarse en parcialidades, prejuicios, intolerancia, egoísmo, miedo y conjeturas.

Un pensador preciso hace oídos sordos a la persona que inicia una conversación con la expresión trillada "dicen", porque sabe que lo que está a punto de escuchar serán absolutamente puros chismes.

Las Emociones no Confiables

El pensador preciso sabe que nadie tiene el derecho de expresar su opinión sobre cualquier tema si no se basa en hechos confiables. Algo que va en contra de la forma de pensar de la gran mayoría de la gente.

El pensador preciso reconoce que "los consejos gratuitos – que ofrecen los amigos y conocidos - por lo general no son dignos de confianza. Si quiere consejos busca ayuda profesional y paga por ello, de una manera u otra. Sabe que nada de valor se obtiene sin algo a cambio.

El pensador preciso sabe que sus emociones no siempre son confiables. Se protege a sí mismo en contra de posibles influencias equivocada, examinándolas cuidadosamente con la ayuda de su poder de la razón y las reglas de la lógica.

James B. Duke no tenía educación formal y nunca aprendió a escribir, pero desarrolló un agudo sentido de la precisión. Su forma de pensar lo convirtió en uno de los hombres más ricos del mundo. No perdió el tiempo debatiendo consigo mismo sobre trivialidades o hechos sin importancia. Él llegaba a decisiones rápidamente, cuando contaba con hechos disponibles.

Un día se encontró con un viejo amigo que se sorprendió al saber que Duke planeaba abrir dos mil tiendas de venta de tabaco. "Mi socio y yo", dijo el amigo, "no nos damos abasto con los problemas teniendo sólo dos tiendas y tú tranquilamente estás pensando en abrir dos mil. Es un error, Duke." "¿Un error?" exclamó con incredulidad Duke. "He cometido errores durante toda mi vida, y si hay una cosa que me ha ayudado es el hecho de que cuando cometo uno nunca me detengo a comentarlo. Simplemente sigo adelante y hago algo más."

Algunas de Ellas eran Correctas

De ese modo Duke siguió adelante con su cadena de tiendas de tabaco, lo que finalmente se convirtió en un negocio que le dejaba semanalmente dos millones de dólares. Apartó varios millones de dólares para construir la Universidad Duke, y ese dinero tan solo fue una mínima parte de la riqueza que acumuló con sus rápidas y precisas decisiones, aunque solo algunas de ellas fueran correctas.

Elbert Hubbard decía que un ejecutivo "es aquella persona que toma muchas decisiones y algunas de ellas son correctas."

Obviamente, el pensamiento preciso requiere de la más alta autodisciplina, un tema que está estrechamente relacionado con la precisión de pensamiento, y que será abordado en la próxima columna.

Las decisiones rápidas y precisas son las dos piedras angulares más importantes del éxito en todos los ámbitos de la vida. No son alcanzables sin la disciplina y honestidad de uno mismo.

Artículo VI
Ejercite la Autodisciplina

L a causa principal de los fracasos individuales es la incapacidad de llevarse bien y en armonía con la gente. En la mayoría de los casos esto se debe a la falta de disciplina de uno mismo.

Andrew Carnegie dijo una vez: "El hombre que no puede o no ejerce disciplina sobre sí mismo debe someterse a la disciplina de los demás." Y en otra ocasión dijo: "Siempre ha sido parte de mi filosofía de negocios advertir a mis socios de los peligros que conlleva el uso indiscreto de la autoridad y el poder personal, especialmente para aquellos, que a través de promociones recientes entran en posesión de algún cargo de autoridad."

"El poder recién adquirido es algo así como las riquezas recién adquiridas; requiere de una estrecha supervisión para que las personas no sean víctimas de su propio poder por su mal uso. Es precisamente aquí en donde la autodisciplina desempeña un papel importante. Si un hombre tiene sus propios pensamientos y acciones bajo control, los utiliza para servir a los demás y atraer su cooperación amistosa y no antagonizar."

Thomas A. Edison probó más de diez mil diferentes ideas antes de que perfeccionara la bombilla eléctrica incandescente. Pero él tenía la autodisciplina para sostenerse en pie de lucha, a pesar de los fracasos, hasta alcanzar la victoria. Su autodisciplina marcó el comienzo de la gran era de la electricidad que transformó todo el mundo mecánico e industrial y ha generado millones de empleos.

La Necesaria Autodisciplina

La autodisciplina es el único medio seguro de desarrollar y mantener una actitud mental positiva. Es el medio por el cual uno aprende de sus errores y descubre la semilla de un beneficio equivalente en todos sus fracasos y derrotas.

Usted tiene en su poder mental todo lo que necesita para llegar hasta donde desea en la vida. Pero el poder se compone tanto de una personalidad positiva como una negativa, y solo mediante la autodisciplina se puede direccionar ese poder hacia los fines del éxito.

La autodisciplina es un elemento esencial para el mantenimiento de una buena salud. Y es el medio por el cual uno enfoca su mente en lo que quiere de la vida y rehúye todo aquello que no desea, como el miedo y la preocupación.

A través de la autodisciplina y su casi increíble resistencia, Mahatma Gandhi pudo liberar a la India del dominio británico sin violencia, sin organización militar y sin dinero - una hazaña pocas veces lograda en la historia de la humanidad.

Debido a que carecía de autodisciplina, Hitler destruyó su país, causó la muerte inútil de un número incalculable de hombres, y perdió su propia vida.

Él Obtuvo el Éxito

Arthur Rubloff, conocido agente de bienes raíces de Chicago, es ahora el jefe de una empresa de 40.000.000 millones de dólares. Mediante la autodisciplina fue capaz de levantarse de ser de niño, un lustrador de zapatos hasta su destacada posición actual. Concibió la idea de visitar tres prospectos de bienes raíces diariamente – sin importar - lluvia, sol, o nieve. Esto implicó muchas horas invertidas en trabajo de pie indagando sobre propiedades, que tampoco le dejaba tiempo libre para actividades de distracción. Pero Rubloff siguió trabajando con su plan a través de los años, hasta que le llegó el éxito. No pudo haber conseguido ni parte de lo que logró sin la estricta disciplina a la que se sometió.

Henry Garfinkle de Nueva York comenzó en las ventas a los 13 años de edad, vendiendo periódicos a los pasajeros del Ferry de Staten Island. Mediante una férrea disciplina, se sobrepuso a las adversidades y al poco tiempo se hizo de una concesión dentro de la terminal del Ferry. Su negocio se expandió y ganó reputación como un experto en la distribución a nivel nacional de diarios y revistas.

Su fama era tanta, que cuando un grupo de hombres de negocios enfrentó una crisis financiera de su corporativo Greater Boston Distributors, Inc., buscaron la asesoría de Garfinkle para solucionar el problema. Su reputación creció aún más a partir de esta experiencia y se hizo conocido como un experto en el campo de la distribución. Poco a poco comenzó a comprar acciones de la gigante American News Co. y de su filial, Union News Co. Este año, él y un grupo de colaboradores cercanos obtuvo el control total de las dos empresas y Garfinkle fue elegido presidente. ¡Su autodisciplina había rendido frutos a lo grande!

El Silencio es Hermoso

La autodisciplina permite encender más nuestra fuerza de voluntad y mantenernos en la lucha en vez de renunciar cuando las cosas se ponen difíciles y el fracaso parece inminente.

Hay dos momentos en la vida de un hombre cuando requiere de una alta autodisciplina para salvarlo de la ruina. Una de ellas es cuando es superado por el fracaso o la derrota, y la otra cuando empieza a escalar a los niveles más altos del éxito.

Finalmente, la autodisciplina le enseña al hombre que a menudo el silencio es más apropiado y proporciona más ventajas que las palabras habladas acompañadas de ira, odio, celos, codicia, intolerancia o miedo. Y también nos enseña que solo la autodisciplina nos permite reflexionar en los posibles efectos de nuestras palabras antes de decirlas.

Articulo VII
La Invencible Mente Maestra

La Alianza de Mente Maestra
Siempre Gana

Dos o más personas, que participan activamente en la búsqueda de un objetivo definido con una actitud mental positiva, ¡constituyen una fuerza imbatible! El principio de la Mente Maestra es el medio que posibilita obtener beneficios de la experiencia, la formación, la educación, el conocimiento especializado y la influencia de otros, tan completamente como si se tratara solamente de nuestras propias mentes.

Cuando se le preguntó a Andrew Carnegie cual era el secreto de su éxito en la industria del acero, él respondió: "Personalmente no sé nada acerca de los aspectos técnicos de la fabricación del acero, pero tengo una Alianza de Mente Maestra con las personas que si poseen el conocimiento requerido."

El Secreto de Henry Ford

Y prosiguió, "Mis deberes personales en la alianza eran hacer que mis socios participaran activamente en un espíritu de armonía perfecta." Y recalcó, que la coordinación de esfuerzos, conocida como cooperación, no es lo mismo que la Mente Maestra, ya que la cooperación no se fundamente en la armonía perfecta.

La alianza de Mente Maestra entre el señor Henry Ford y su esposa fue la causa del verdadero secreto del éxito de Ford. Cuando Ford se esforzaba por construir el primer modelo de su automóvil, le pidió a un fundidor local que fundiera unas piezas, cuyo servicio costaba treinta dólares, pero le pidió que esperara hasta el final de mes para poderle pagar. El fundidor se negó. Cuando la señora Ford se enteró, persuadió a su marido que "retirara" el dinero de una pequeña cuenta de ahorros que tenían en común, lo que hizo dando su palabra de reponerlo. Debido a esta Alianza de Mente Maestra, fue que llegó a existir la gigantesca compañía de Ford.

Tal vez la mayor Alianza de Mente Maestra en la historia existió entre el Jesús y sus discípulos, que solo pudo romperse por la traición de uno de sus aliados. Eso mismo sucede en cualquier relación empresarial, profesional o matrimonial, cuando uno de los miembros de la alianza cae en la negatividad y rompe el estado de perfecta armonía.

El documento más importante que se ha escrito en esta nación, la Declaración de Independencia, fue firmada por cincuenta y seis hombres valientes hermanados en una alianza de Mente Maestra.

El gran negocio de Arthur Murray, que opera una cadena de academias de baile en todo el país, son un maravilloso ejemplo del poder en acción de una mente maestra. Lo mismo puede decirse de las estrellas de cine y televisión, Roy Rogers y Dale Evans. A través de su relación espiritual y armoniosa de su Mente Maestra, el señor y la señora Rogers vencieron una tragedia personal profunda y lograron llevar esperanza a miles de personas. Cuando sufrieron la muerte de su hija con retraso mental, Dale y Roy convirtieron ese profundo dolor en ayuda para muchos otros niños discapacitados.

Trabajando en Armonía

El Presidente de los Estados Unidos y su gabinete constituyen una de las mayores y más potentes alianzas de Mente Maestra del mundo. La relación de trabajo entre el Gobierno Federal y los estados es otro ejemplo de ese poder.

Todos los logros de la humanidad por encima del nivel de la mediocridad son el resultado de trabajar juntos en un espíritu de armonía – o sea, de aplicar el principio de la Mente Maestra.

Lee S. Mytinger y el Dr. William S. Casselberry de Long Beach, California, formaron una alianza de Mente Maestra hace unos diez años para distribuir un suplemento alimenticio llamado Nutrilite. Ambos extendieron su alianza hasta los distribuidores de sus productos, mismos que ahora suman miles y cuyas ventas anuales llegan a los $ 30.000.000 de dólares, y lo sorprendente es que todo empezó prácticamente sin capital.

Usted, también, puede lograr el éxito mediante una alianza de Mente Maestra. Busque aliarse con al menos una persona y trabajen juntos con un espíritu de armonía perfecta para lograr algún objetivo común, y de este modo, alcanzar las alturas que desea, que estando solo sería difícil conseguirlo.

Articulo VIII
Tenga Fe en Usted Mismo
Utilice al Maestro Invencible —
Obtenga el Poder de su Propio Interior

En la habitación de una humilde cabaña de Kentucky, se encontraba un niño tendido al lado de la chimenea, aprendiendo a escribir. Utilizaba la parte de atrás de una pala de madera como pizarra y un trozo de carbón como lápiz. Una buena mujer se acercó a él, animándolo a seguir adelante. La mujer era su madrastra. El niño creció y llegó a la edad adulta sin mostrar signos de grandeza. Estudió Derecho, pero su éxito en esa profesión era pobre

Trató de incursionar en otras actividades; se alisto en el ejército, pero no sobresalió tampoco. Todo lo que intentaba se transformaba en fracaso. Entonces, según se cuenta, un gran amor llegó a su vida. Pero poco le duró el gusto y tuvo que sufrir la muerte de la mujer que amaba. Ese gran dolor lo afectó profundamente en el alma y fue precisamente en medio de esta pena, que entró en contacto con el poder secreto que sólo viene de nuestro interior.

Puso el Poder a Trabajar

Aprovechó ese poder y lo puso a trabajar. Ese mismo poder lo hizo Presidente de los Estados Unidos. Acabó con la esclavitud en la nación. Y salvó a la Unión de la disolución.

Este poder que viene a los hombres desde el interior no conoce casta social, ni obstáculos insuperables, ni problemas sin solución. Está a disposición lo mismo para pobres y humildes que para ricos y poderosos. Lo poseen todos aquellos con precisión de pensamiento. Nadie puede ponerlo a trabajar, excepto usted mismo.

¿Qué extraño temor invade la mente de los hombres que nulifica su acercamiento a ese poder secreto que los puede levantar a grandes alturas de logros?

¿Cómo y por qué la gran mayoría de las personas se convierten en víctimas de un ritmo hipnótico negativo que destruye su capacidad de utilizar este secreto poder de sus propias mentes?

Se ha podido graficar el camino que siguen todos los genios. Y se ha concluido que es el mismísimo camino seguido por todos los grandes líderes que han contribuido a nuestro modo de vida americano.

Como Aprovechar ese Poder

Seguramente se preguntara, "¿cómo puede uno aprovechar ese poder secreto que viene de nuestro interior?" Veamos la manera en que otros han recurrido a él.

Un joven sacerdote llamado Frank Gunsaulus había deseado durante mucho tiempo construir un nuevo tipo de universidad. Sabía exactamente lo que quería, pero la inversión que se requería era de un millón de dólares en efectivo.

Pero no se amilanó y ¡se decidió a conseguir ese millón de dólares! Su determinación, basado en su definición de propósito, constituyó el primer paso de su plan. Luego escribió un sermón titulado "Lo qué haría con un millón de dólares." Lo difundió a través de los periódicos de Chicago y expresó que predicaría sobre ese tema el siguiente domingo por la mañana.

Al final del sermón un hombre extraño, a quien el predicador nunca había visto antes, se dirigió hacia el púlpito y le dijo: "Me gustó su sermón. Puede venir a mi oficina y yo le daré ese millón de dólares que necesita."

Ese desconocido era ni más ni menos que Philip Armour, fundador de las empacadoras de carne Armour & Co.

Fe Aplicada

Esta es la suma y sustancia de lo que sucedió en el caso anterior, y el poder que lo hizo posible fue la fe aplicada - la fe con el respaldo de la acción - no la simple fe pasiva. La fe, correctamente entendida, está siempre activa - no pasiva. La fe pasiva es lo mismo que tener una dinamo inactiva. Para generar energía, la máquina debe estar en marcha. La fe activa no conoce el miedo, ni limitaciones autoimpuestas. Armado de fe, el más débil mortal es más poderoso ante las adversidades, más fuerte en el fracaso, y más poderoso que el miedo.

Las emergencias de la vida suelen llevar a los hombres a la encrucijada en la que se ven obligados a elegir entre el camino de la fe o el camino del miedo. ¿Qué es lo que mueve a la gran mayoría a optar por el camino del miedo? La elección depende de la actitud mental de la persona, y en ese sentido el Creador ha dispuesto que sea el hombre quien controle sus propios poderes.

El Camino de la Fe

El hombre que toma el camino de la fe es el hombre que ha condicionado su mente para creer. Y lo ha logrado mediante decisiones y acciones rápidas y valientes en los detalles de su trabajo diario. El hombre que toma el camino del miedo, lo hace porque ha descuidado la preparación de su mente para tener una actitud positiva.

Busque hasta que encuentre ese poder secreto de su interior. Cuando lo encuentre comprobará que ha descubierto su verdadero yo – su "otro yo" que aprovecha todas las experiencias de la vida. Cuando eso suceda no solo podrá escribir un mejor libro, predicar un mejor sermón o hacer una mejor obra, sino que el mundo llegará hasta su puerta reconociéndole   sus   acciones   y   recompensándolo apropiadamente. El éxito será suyo, no importa quién sea usted ni la naturaleza y el alcance de sus errores del pasado.

Articulo IX
Desarrolle una Personalidad Agradable
Una Mente Agradable es el Mejor Activo

S su personalidad es la muestra de lo que usted tiene para ofrecer. Afortunadamente, puede desarrollar una personalidad agradable con la ayuda de suficiente autodisciplina para descubrir sus defectos y corregirlos oportunamente. Cuando este trabajo se hace correctamente la personalidad agradable resultante puede convertirse en su mayor activo - ya que con ella puede vender su paso por la vida en los términos que elija.

Franklin D. Roosevelt cuidaba su personalidad con tal esmero que lo convirtió en uno de los presidentes más populares. Eso le sirvió tan bien, que fue elegido a la presidencia durante cuatro períodos.

El presidente Eisenhower, con su sincera calidez personal, es otro ejemplo de las alturas a las que una persona puede ascender teniendo una personalidad agradable.

La personalidad reúne la suma total de todos los rasgos físicos y mentales que nos distingue del resto de la gente, para bien o para mal. Es el factor más importante que determina si somos agradables o no para los demás. Es el medio por el cual negociamos nuestro paso por la vida. Y es lo que determina nuestra capacidad para negociar con otros su cooperación amistosa.

El Bono de la Personalidad

La agradable personalidad de Charles M. Schwab le permitió escalar de ser un simple jornalero hasta una alta posición ejecutiva con un salario de 75.000 dólares anuales, y un bono que a menudo llega al $ 1.000.000 de dólares. Su

jefe, Andrew Carnegie, afirmaba que el salario anual era
por el trabajo realizado por Schwab, y que el bono era la
recompensa por la agradable personalidad de Schwab, lo
que constituía un ejemplo y motivación para los demás
trabajadores.

Si quiere una "personalidad de un millón de dólares"
puede lograrlo, siempre y cuando:

1. Desarrolle una actitud mental positiva y pueda
   proyectarla hacia los demás.
2. Entrene a su voz para ser agradable procurando
   siempre hablar en un tono amistoso cuidadosamente
   disciplinado.
3. Mantenga su mente alerta y muestre disposición a
   escuchar cuando sostenga una conversación. "Mostrar
   solo interés sin entender lo que le estén diciendo"
   puede alimentar el ego, pero no atrae a la gente ni hace
   amigos.
4. Sea flexible en sus relaciones con todos los demás.
   Adáptese a todas las circunstancias, sean o no
   agradables, sin perder la compostura y sin denotar su
   temperamento. Recuerde que el silencio suele ser
   mucho más eficaz que las palabras de ira.

Desarrolle Paciencia

5. Sea paciente. Recuerde que el tiempo apropiado de
   sus palabras y actos le puede dar una gran ventaja
   sobre las personas impacientes. Si usted es un
   vendedor, tal vez debería leer la frase anterior dos o
   tres veces.
6. Mantenga su mente abierta a todos los temas y hacia
   todas las personas. Las oportunidades favorables
   nunca derriban las puertas de las mentes cerradas. La
   intolerancia no conduce a la sabiduría.
7. Aprenda a sonreír cuando esté hablando a los demás,
   para que ellos sepan que usted es una persona amable.
   "La sonrisa del millón de dólares" de Franklin D.
   Roosevelt era su mayor activo.

8. Sea discreto en sus palabras y modales. Tenga en cuenta que no todos los pensamientos que tenga pueden expresarse, aún cuando sean verdaderas.

9. Sea rápido en sus decisiones cuando tenga todos los datos necesarios en que basarse. Recuerde que la dilación revela ante los demás un rasgo negativo del carácter, que de alguna manera está relacionado con el miedo.

Buenas Acciones Diariamente

10. Colabore al menos en una buena acción cada día, alabando el esfuerzo de alguien o prestando un servicio sin esperar recompensa. ¡Verá lo rápido que crecerá su lista de amigos!

11. Cuando se tope con la derrota, en vez de lamentarse busque la "semilla de un beneficio equivalente" pues es seguro que esa adversidad lo traerá. Exprese su gratitud por haber ganado sabiduría que no hubiera obtenido sin conocer la derrota.

12. Y recuerde siempre, que la persona con la que esté hablando, en un momento dado, es la persona más importante del mundo. Puede, incluso, ganar su buena disposición haciéndole preguntas y cediéndole la oportunidad de hablar.

13. Elogie los buenos rasgos de personalidad de los demás, pero no lo haga donde no se justifique, ni exagere en sus alabanzas.

14. Por último, haga amistad con alguien en quien confíe, alguien que sea lo suficientemente honesto con usted, como para señalarle aquellos rasgos de su personalidad que debe corregir.

Articulo X
Use su Iniciativa Personal
Como Desarrollar su Iniciativa

Haga las cosas y tendrá el poder", dijo Emerson. Sería difícil nombrar una costumbre humana más destructiva que la de la dilación - dejar para mañana lo que debió haber hecho la semana pasada. La iniciativa personal es la única cura para esa dilación.

Las personas de éxito en todos los ámbitos de la vida son aquellas que piensan y se mueven por su propia iniciativa personal. Hay dos formas de acción: (1) aquella en la que uno elige hacer las cosas por iniciativa y (2) aquella en la que uno hace las cosas obligado por la necesidad.

Vivimos en un país señalado por el mundo como una nación en donde abunda el privilegio de la libertad personal a disposición de ricos y pobres por igual. Es tal vez el factor más importante de nuestro sistema de libre empresa.

El privilegio de la iniciativa personal se considera de gran importancia, ya que está garantizada para todos los ciudadanos en la Constitución de los Estados Unidos. Y es tan importante este privilegio que todas las empresas bien administradas reconocen y premian a las personas que utilizan su iniciativa para mejorar el negocio para el que trabajan.

Renuncia Rechazada

Cuando Andrew Carnegie era un joven empleado de la oficina del Superintendente de División de la Pennsylvania Railroad Co., en Pittsburgh, llegó a su oficina una mañana, antes de que su jefe arribara y descubrió que había sucedido un terrible accidente ferroviario en las afueras de la ciudad. Así que trató frenéticamente de localizar a su jefe por teléfono.

Finalmente, desesperado, hizo algo que sabía que podría significar su despido automático debido a las estrictas normas de la compañía. Reconociendo que cada minuto de retraso costaba a la empresa ferroviaria una fortuna, telegrafió al conductor del tren siniestrado dándole órdenes de lo que debía hacer. Y firmó en nombre de su jefe el mensaje.

Cuando por fin el jefe apareció, horas más tarde, y se acercó a su escritorio, se encontró con la renuncia de Carnegie y una explicación de lo que había hecho. Ese día nada pasó. Pero al día siguiente de la renuncia de Carnegie, el documento fue enviado a él con estas palabras escritas con tinta roja: "¡RENUNCIA RECHAZADA!"

Varios días más tarde, su jefe llamó a Carnegie a su oficina y le dijo: "Joven, hay dos tipos de personas que nunca salen adelante, ni llegan a ningún lado. Uno de ellos es aquel que solo obedece y hace lo que se le dice, y el otro es aquel que no hace nada más allá de lo que se le indica

Hizo que su Idea le Pagara con Creces

Existe un sermón sobre la iniciativa personal que está plasmada en una frase breve. Quizás desee copiarla y pegarla en un espejo donde la pueda ver a diario.

Hace unos años, George Stefek, de Chicago, estaba convaleciente en el Hospital de Veteranos de Hines. Mientras yacía allí, se le ocurrió una idea. ¡La idea era tan simple que a cualquiera se le pudo haber ocurrido! Pero aquí lo importante fue que Stefek hizo realidad su idea tan pronto como salió del hospital. Y hoy en día esa idea le está pagando con creces.

Resulta que se dio cuenta que muchas lavanderías doblaban las camisas recién planchadas sobre unas tablas de cartón para que quedaran lisas y sin arrugas. Se enteró que esos cartones les costaban a las lavanderías tres dólares el millar. Su idea consistió en vender los cartones a un dólar el millar; no obstante, cada cartón llevaría un anuncio. Como es natural, los anunciantes pagarían el espacio y George obtendría un beneficio. Ahora las lavanderías están ahorrando dinero - los anunciantes tienen un nuevo medio para llegar a clientes potenciales - y el negocio de Stefek, "Shirtboard Advertising Co." es todo un negocio próspero.

Clarence Saunders de Memphis, Tennessee, un día vio una larga fila de gente esperando servirse sus alimentos en un nuevo tipo de restaurante – llamada cafetería. Puso su imaginación a trabajar y se le ocurrió la idea de "tomar prestado" el mismo plan de autoservicio para su jefe, un tendero local.

Y Nacieron los Supermercados

Cuando le dijo a su jefe su idea, éste le informó que se le estaba pagando para empacar y entregar comestibles - no para desperdiciar su tiempo con ideas poco prácticas e insensatas. Clarence fue despedido, pero no se amilanó y llevó a cabo su plan de poner en marcha la venta de comestibles mediante el sistema de autoservicio, fue así como nacieron las tiendas Piggly Wiggly. Hizo que su idea le dejara dividendos por una suma de cuatro millones de dólares en los primeros cuatro años. Por otra parte, su plan fue copiado por otras tiendas de comestibles y es actualmente el método de comercialización utilizado en nuestros grandes supermercados.

Sin lugar a dudas, al dotar al hombre con el control absoluto sobre su capacidad de pensar, el Creador pretendía que usara este poder a través de su propia iniciativa.

La trillada excusa de "estar muy ocupado" al que recurren las personas que dejan todo para después, es lo que probablemente ha causado más fracasos que todos los pretextos combinados. El hombre que se adelanta y hace un lugar para sí mismo, siempre encuentra tiempo para moverse por su propia iniciativa en cualquier dirección necesaria para su promoción o beneficio.

Articulo XI
Sea Entusiasta
El Entusiasmo Abre Muchas Puertas

No se puede alcanzar la grandeza sin entusiasmo," dijo Emerson. En el gran tabernáculo mormón de Salt Lake City un orador tenía que hablar durante cuarenta y cinco minutos. Hablo más de dos horas. Cuando termino, diez mil hombres y mujeres se levantaron y le aplaudieron por cinco minutos.

¿Qué suscitó esa reacción en el público? Lo importante no fue lo que dijo sino como lo dijo. La multitud se contagio del entusiasmo del orador, y es muy probable que ni siquiera recordasen muchos de los detalles de su discurso.

Louis Victor Eytinge estaba cumpliendo una sentencia de cadena perpetua en la prisión estatal de Arizona. No tenía amigos, ni abogado, ni dinero. Pero poseía una dosis de entusiasmo tan grande que gracias a ella obtuvo su libertad.

Eytinge escribió una carta a la compañía de maquinas de escribir Remington, explicando de su difícil situación y solicitando que la empresa le vendiera una máquina de escribir a crédito. La compañía hizo algo mejor que eso. Le regaló la máquina que pidió.

Se Ganó el Indulto

Acto seguido, empezó a escribir a diversas compañías pidiendo que le enviaran sus folletos publicitarios. Él los volvía a redactar y los enviaba de vuelta. Sus textos eran tan efectivos que muy pronto reunió suficiente dinero para contratar un abogado.

Su trabajo era tan bueno que llamo la atención de una importante agencia publicitaria de Nueva York que junto con su abogado le ayudaron a obtener el indulto. Al salir de prisión lo esperaba el director de la agencia, que lo recibió con estas palabras: "Bueno Eytinge, tu entusiasmo ha sido más poderoso que los barrotes de la prisión"

La agencia le tenía reservado un puesto de trabajo con un salario de 10,000 dólares anuales.

La Anécdota de Miami

Durante la reciente escasez de viviendas, W. Clement Stone de Chicago, presidente de la Compañía de seguros Combined Insurance Company of America, llevó a su familia a Miami para pasar unas vacaciones. Al llegar contactó a un corredor de bienes raíces para alquilar una casa, provocando la risa del agente.

"¿Por qué quiere rentar?", exclamó el corredor, "en esta ciudad nadie renta una casa sino es por amor o por mucho dinero."

Stone sonrió y dijo: "¡Solo observe y no diga nada!" Mientras que su familia esperaba en el vestíbulo de un hotel, llamó a un taxi e inició un recorrido por la ciudad. Al poco rato, vio una gran finca, rodeada por una gran verja de hierro, con un cartel que decía: "se vende". Consiguió el nombre del propietario por medio del cuidador, le llamó por teléfono a otra ciudad, y lo persuadió de que le alquilara la casa a una suma muy modesta, bajo el argumento de que una casa ocupada se vendería más rápidamente que una casa vacía.

¡Con esta acción hizo dos cosas! ¡Un sólido procedimiento de ventas y una muestra de entusiasmo! La lógica por sí sola, no lo hubiera logrado.

Billy Graham

Oral Roberts y Billy Graham, que predican llegando a audiencias sin precedentes de todo el mundo, están ganando conversos al cristianismo en números increíbles: Quíteles el entusiasmo de su ministerio y seguramente perderían toda su eficacia.

Clarence Darrow fue quizás el mayor abogado que esta nación ha producido. Su éxito se debió, en gran medida, a su gran capacidad de expresarse con entusiasmo y a su capacidad de despertar entusiasmo en sus oyentes, y en el tribunal y jurados por igual. En lo que se refiere a su dominio del conocimiento de la ley, Darrow no era mejor que la mayoría de los abogados de su época.

Alguien ha dicho - y ojalá hubiera sido yo el primero en decirlo – que "Hay regocijo en el cielo y rechinar de dientes en el infierno, cuando Dios envía a un hombre a la tierra con la capacidad de usar ilimitadamente la fe y el entusiasmo."

¿Cómo se llega a ser entusiasta? Simplemente actuando con entusiasmo en pensamientos, palabras y acciones. Un vendedor de seguros de vida, que es tal vez el mayor vendedor en su área, envía un telegrama a sí mismo todas las noches para que esté disponible en su mesa del desayuno a la mañana siguiente. Lo que este telegrama dice le infunde la confianza que garantiza sus ventas de ese día. Y lo logra. A veces más allá de los topes que se ha propuesto.

El telegrama en cuestión lleva esta firma: *El Doctor Entusiasmo.*

Si cree que el plan es fantástico, o quizás absurdo, sólo recuerde que este hombre es el líder de todos los demás vendedores en una de las mayores compañías de seguros de vida de Estados Unidos.

Articulo XII
Controle Su Atención
La Mente de un Líder Enfocada en un Solo Objetivo

Tal vez el rasgo humano que destaca por encima de todos los demás, como ayuda para el éxito, es el hábito de potencializar la fuerza de la voluntad en lugar de dejarse vencer cuando las cosas se ponen difíciles y la derrota parece inminente.

El desarrollo de este hábito comienza con la adopción de un objetivo definido, avivado por la intensidad del entusiasmo, del pensamiento preciso, la fe aplicada y la autodisciplina.

El éxito de Henry Ford se debió en gran parte al hecho de que lo respaldaba todos sus recursos - espiritual, mental, físico y financiero - detrás de su objetivo principal, que era la fabricación de un automóvil confiable de bajo precio.

Su obstinada determinación queda ejemplificada cuando dio la orden a sus ingenieros de fundir en un solo bloque el motor del automóvil con sus cilindros, en vez de dos, como hasta entonces se acostumbraba.

"Imposible", dijeron los ingenieros.

"Pongan manos a la obra, les ordeno Ford. "Sigan esforzándose hasta que lo consigan."

Transcurrió un mes sin que lo lograran. Ford llamó a todos sus ingenieros y les dijo: "Señores, si no tengo un bloque de cilindros satisfactoriamente fundido en una sola pieza, entonces en una semana habrá un nuevo equipo de ingenieros que los remplacen."

Como resultado, el bloque se logró fundir rápidamente.

El humorista Danny Thomas intentó durante años encontrar una manera de compaginar su amado mundo del espectáculo con su vida familiar. Al enfocar su mente en ello con un espíritu de intensa fe aplicada encontró la respuesta a su deseo a través de la televisión.

Las personas más exitosas en todos los ámbitos son aquellas que concentran su mente en un solo objetivo: es decir, una mente controlada y concentrada en una sola cosa a la vez.

Cuando Martin W. Littleton era un muchacho joven, entró en una tienda de abarrotes de su pequeña ciudad natal de Texas, allí le llamó la atención ver a mucha gente del pueblo calentándose junto a una estufa.

"Martin", uno de ellos le preguntó burlonamente: "¿Qué vas a ser cuando seas grande?" Mirando al bufón a los ojos Martin respondió: "Voy a ser el mejor abogado de los Estados Unidos."

Al concentrarse en su objetivo de estudiar derecho Martin Littleton hizo buena su afirmación. Con el tiempo se convirtió en el abogado mejor pagado de Estados Unidos, y contratado por muchas grandes empresas, como la Standard Oil Co

FW Woolworth con solo enfocarse en sus tiendas Five and Ten Cent logró hacerse fabulosamente rico. Marconi se concentró en el estudio de la comunicación inalámbrica y vivió para ver el resultado de sus esfuerzos de sentar las bases para la invención de la radio, la televisión y el radar.

Noah Webster se concentró en su objetivo de crear un diccionario moderno de inglés, y lo consiguió.

Un Rango Ilimitado

La gama de propósitos en los que el hombre puede dirigir con éxito su mente, por medio de la concentración, es ilimitada. Todas las criaturas vivientes de raza inferior al hombre concentran sus esfuerzos en sólo dos objetivos, la reproducción y la alimentación.

Otras manifestaciones físicas que ejemplifican la ley de la concentración lo podemos ver en la salida y puesta del sol, acción que ocurre ininterrumpidamente; lo mismo sucede con el agua que fluye hacia abajo en respuesta a la ley de la gravitación; también en el caso de las estaciones del año que llegan inevitablemente, y en la reproducción de todos los seres vivos, incluido el hombre.

Con todo esto es evidente que la ley de la concentración no ha sido hecha por el hombre, porque a pesar de sus esfuerzos, el hombre jamás ha podido interrumpir alguna de estas manifestaciones propias del propósito del Creador.

Determine lo que más quiere de la vida. Adóptelo como su objetivo principal. Inicie el camino hacia su meta justo donde esté parado. Cuando el camino sea ríspido y difícil, comience de nuevo con todo el entusiasmo disponible, y verá que pronto encontrará el camino correcto hacia su objetivo.

Más pronto de lo que se imagina estará en ¡la luz del éxito" que lo llevará infaliblemente al objetivo deseado.

¡Pruébelo y verá que funciona!

Articulo XIII
Trabaje en Equipo
La Llave de la Regla de Oro a la Cooperación

Existen dos tipos de cooperación. La que se basa en la obligación, el miedo o la necesidad. Y la que se basa en la disposición voluntaria. La cooperación es indispensable en la casa, en el trabajo, en la vida social. Es una necesidad absoluta en nuestra forma de gobierno y en el sistema de libre empresa.

El hábito del trabajo en equipo se puede adquirir sólo mediante el establecimiento de una motivación adecuada para inducir la coordinación amistosa del esfuerzo.

El método de inspirar el trabajo en equipo que empleaba Andrew Carnegie, nunca ha podido mejorarse.

En primer lugar, establecía una motivación económica a través de promociones y bonos para satisfacer el trabajo de cada individuo, y lo diseñaba de manera tal que una parte de los ingresos del trabajador dependiera directamente del tipo de servicio prestado.

En segundo lugar, nunca reprendía a ningún empleado abiertamente. En lugar de eso, inducía al trabajador para que él mismo asumiera su culpa, por medio de preguntas cuidadosamente dirigidas.

En tercer lugar, nunca tomaba decisiones que les correspondía a sus ejecutivos. Los motivaba a que tomaran sus propias decisiones y a que se hicieran responsables por las consecuencias.

El Éxito en los Niveles Superiores

Solo mediante el trabajo en equipo se alcanza el éxito en los niveles superiores del logro. Esto implica aportar y recibir cooperación. Los líderes egoístas reciben poca cooperación por parte de sus subordinados, porque la cooperación exige reciprocidad de ambas partes.

Aquellos que alguna vez han volado en los aviones de la aerolínea Capital Airlines seguramente se habrán sorprendido gratamente por el espíritu amistoso que demuestra la tripulación con los pasajeros. Esa actitud amistosa no es obra de la casualidad. Es el resultado del trabajo conjunto del presidente de la aerolínea y de todo el personal, desde las líneas de autoridad más encumbradas hasta las posiciones más humildes.

Esta misma actitud de servicio se puede ver también en el caso del Capitán Eddie Rickenbacker, de la aerolínea Eastern Air Lines, quien es considerado un líder que inspira al trabajo en equipo. Durante la Primera Guerra Mundial, este personaje personalmente derribó 26 aviones alemanes, y su liderazgo inspiró al famoso escuadrón "Hats in the Ring" a escalar las alturas del reconocimiento y la gloria. En la Segunda Guerra Mundial, fue su ejemplo personal lo que permitió convertir a un grupo de colegas aviadores en todo un equipo, y de ese modo salvar sus vidas, después de un naufragio causado por un accidente que los dejó a la deriva en una balsa abierta en el Pacífico durante casi un mes.

Poder Influir en los Demás

William James, un profesor de la Universidad de Harvard, dijo una vez: "Si usted puede influir en otros para cooperar con usted en un espíritu amistoso, entonces podrá conseguir lo que desee, prácticamente con poca o ninguna resistencia." Toda una declaración amplia, que resulta cierta.

Si indagara en el corazón de las empresas de éxito como la Bell Telephone Co. o alguna de las empresas de energía eléctrica, se daría cuenta, que el trabajo en equipo, inspirado de arriba hacia abajo, es lo que facilitó su éxito.

Si se topara con un equipo deportivo, se daría cuenta que el crédito por resultados favorables no va a ninguna persona en particular, excepto que se trate del entrenador, quien inspira a sus jugadores a relegar la gloria personal por el éxito del equipo. Knute Rockne del equipo de Notre Dame es un maravilloso ejemplo de líder que inspira al trabajo en equipo. Es difícil dar una interpretación apropiada de los motivos que inducen a un armonioso trabajo en equipo, excepto que dirijamos nuestra mirada al famoso Sermón de la Montaña. No hay nada mejor que la aplicación de la Regla de Oro para conseguir la cooperación amistosa. La ley de la reciprocidad, tiene su contraparte negativa - la ley del talión. Ambas están profundamente arraigadas en la naturaleza del hombre. A través de ellas el significado de este pasaje bíblico: "Todo lo que el hombre siembre, es lo que cosecha," se vuelve claro como el cristal. Porque es muy cierto que todo lo que se hace para beneficio de los demás repercute en un beneficio para nosotros mismos.

Trabaje bien con su equipo - y su equipo lo llevará al éxito.

Articulo XIV
Aprenda de la Derrota
Revertirla a Menudo lo
Lleva a la Victoria

Toda adversidad, todo fracaso y toda experiencia desagradable llevan consigo la semilla de un beneficio equivalente a una bendición disfrazada. El fracaso y la derrota son el lenguaje común con que se comunica la naturaleza con todos los hombres, infundiendo en ellos un espíritu de humildad, para que puedan adquirir la sabiduría y el entendimiento.

Un hombre sabio dijo alguna vez que sería imposible vivir con una persona que nunca haya fracasado o sido derrotado en el logro de sus objetivos. Este mismo hombre también descubrió que las personas logran el éxito en proporción casi exacta a su forma de dominar la adversidad y la derrota.

Este mismo hombre hizo otro hallazgo importante – descubrió que los logros verdaderamente grandes lo han alcanzado hombres y mujeres mayores a los 50 años, y externó su opinión de que los años más productivos de los individuos que desarrollan trabajos intelectuales es entre los 60 y 70 años de edad.

Abraham Lincoln perdió a su madre siendo un niño muy pequeño. Algunos podrían decir, "Está claro que en este caso no hubo ninguna semilla de beneficio equivalente." Pero lo cierto es que esta pérdida le trajo a su vida una madrastra cuya influencia le despertó la ambición de educarse y ser alguien en la vida.

El Voto de Marshall Field

Marshall Field perdió su tienda minorista en el gran incendio de Chicago y con ella casi todo su dinero. Señalando las cenizas humeantes, dijo, "En este mismo lugar voy a construir la mayor tienda minorista del mundo." El gran almacén Marshall Field & Store Co., que actualmente se ubica en las calles de State y Randolph en Chicago, es el testimonio de que existe la semilla de un beneficio equivalente detrás de cada adversidad. A veces se necesita de valor, fe e imaginación para encontrar esa semilla y que germine en la flor del beneficio equivalente en todo su esplendor. Pero es un hecho que siempre está allí.

Consideremos, por ejemplo, el caso de Michael L. Benedum que es, a los 86 años, el mayor buscador de petróleo del mundo - con una fortuna personal de más de $100 millones de dólares.

Si le pregunta a Mike Benedum el secreto de su éxito, le dirá: "He aprendido a mantenerme firme y seguir adelante cuando las cosas se ponen difíciles," Y vaya que aprendió, porque apenas acababa de hacerse rico cuando al seguir un mal consejo – perdió hasta la camisa.

Benedum convirtió la derrota en victoria, aprendiendo una lección primordial: se debe confiar en el propio juicio para tomar decisiones cruciales. Así es como se mantuvo firme en su objetivo, hasta descubrir más reservas petroleras en todo el mundo que las que han sido utilizadas por el hombre en toda la historia.

Impedimentos Físicos

En 1920, la adversidad golpeó nuevamente a Benedum, cuando fracasó en su intento de encontrar reservas petroleras en Filipinas. Benedum sin perder la compostura, dijo: "Es parte del juego. No se puede encontrar petróleo en todas partes. Si lo hiciera, no habría diversión en su búsqueda."

Nuestra sociedad americana está llena de ejemplos de personas que alcanzaron la fama y fortuna superando adversidades y derrotas, incluyendo afectaciones físicas y discapacidades, - como es el caso de Franklin D. Roosevelt, Theodore Roosevelt, Helen Keller y Thomas Edison.

Aprenda de la derrota como lo hizo Richard M. Davis de Morgantown, West Virginia, quien se abrió paso en el negocio de la minería del carbón - sólo para perderlo todo, incluyendo su casa y muebles, en la Gran Depresión. Lo único que salvó fue su reputación, que lo ayudó a evitar la quiebra, y que a la postre fue su único gran activo. Con solo esto, superó el reto de la adversidad y pagó su deuda de casi $ 150.000 dólares. Hoy en día, Davis es el presidente de la Davis-Wilson Coal Co. en Morgantown y además de poseer una gran riqueza, es un líder reconocido en la lucha por la paz internacional.

Hechos de la Vida

Usted también puede viajar en la luz del éxito si descubre y aprovecha la semilla de un beneficio equivalente en cada uno de sus reveses en la vida.

¡Dos hechos importantes en la vida son dignos de destacar! Uno de ellos es que la derrota es algo inevitable para todos nosotros, en un momento u otro. El otro es que cada adversidad trae la semilla de un beneficio equivalente, a menudo en alguna forma misteriosamente oculta.

Del análisis de estos dos hechos, no es difícil reconocer que el Creador lo que pretende es que el individuo gane fuerza, comprensión y sabiduría a través de la lucha. La adversidad y la derrota desafían al individuo a que desarrolle su ingenio y pueda seguir adelante.

A menudo es difícil que reconozcamos la potencialidad de un beneficio equivalente en nuestras adversidades, sobre todo, cuando todavía estamos sufriendo las heridas. Pero el tiempo, que todo lo cura, nos revela ese beneficio cuando se busca con fe y sinceridad.

Articulo XV
Cultive La Visión Creativa
La Visión Creativa es el Sexto Sentido

U sted tiene a su disposición el poder de la imaginación de dos formas. Una es conocida como la imaginación sintética, que significa una combinación de ideas, conceptos, planes o hechos, ya conocidos, dispuestos en una nueva combinación.

A la otra se le conoce como imaginación creativa. Funciona a través del sexto sentido y sirve como el medio básico por el cual se revelan nuevos hechos o ideas. También es el medio para la inspiración.

Thomas A. Edison utilizó la imaginación sintética para inventar la lámpara eléctrica incandescente, reuniendo en una nueva presentación, dos principios bien conocidos. Mucho tiempo antes de la época de Edison, se sabía que se podía producir luz mediante la aplicación de energía eléctrica a un cable y creando un cortocircuito. Pero nadie había encontrado ninguna manera de mantener el metal intacto sin que se quemara rápidamente durante esta acción.

El Descubrimiento de Edison

Edison descubrió cómo hacer esto, y lo logró aplicando el principio por el cual se produce el carbón, es decir, quemando madera, luego cubriéndolo de tierra y obteniendo el suficiente oxigeno para mantener el fuego ardiendo sin producir flamas.

Siguiendo el ejemplo del principio de que nada puede arder sin oxígeno, Edison puso un alambre en una botella, a la que le bombeo aire. Luego aplicó electricidad a los cables que sobresalían y ¡sorpresa! Nació la primera lámpara eléctrica incandescente.

El doctor Elmer R. Gates, de Chevy Chase, Maryland, nos da un buen ejemplo de lo que es la imaginación creativa. Él tiene en su haber más patentes que Edison. La mayoría de ellas las perfeccionó aplicando su sexto sentido, que logró desarrollar en un alto grado. Simplemente con encerrarse en una habitación insonorizada y con las luces apagadas, El Dr. Gates lograba eliminar todas las interferencias físicas que obstruían su concentración para la consecución de la información que deseaba. Cuando finalmente la información llegaba a él, por medio de su sexto sentido, era hasta entonces que encendía las luces y de inmediato se ponía a escribir. Curiosamente, a veces las ideas no eran producto de lo que realmente estaba buscando, un hecho que explica la razón por la que fue responsable de la gran cantidad de invenciones que logró perfeccionar.

El Sexto Sentido

Nuestros cinco sentidos físicos nos posibilitan ponernos en contacto con el mundo físico, para poner a nuestra disposición su naturaleza y usos. Sin embargo, nuestro sexto sentido, que opera a través del subconsciente de la mente, nos pone en contacto con aquellas fuerzas del universo que son invisibles. Nos da acceso al conocimiento que no pueden captar nuestros cinco sentidos físicos.

A pesar de su poca o nula formación técnica y mecánica, RG Le Tourneau, el mundialmente famoso empresario, hace trabajos casi milagrosos cuando diseña y produce maquinarias que hasta los ingenieros más creativos, afirman, que son creaciones prácticamente imposibles. Él utiliza un sistema similar al empleado por Edison y produce equipos mecánicos a los que solo les falta hablar.

George Parker, fundador de la famosa fábrica de plumas, Parker Pen Co., dirige todos sus asuntos de negocios a un plano incomparable con un envidiable historial de logros, haciendo uso de su sexto sentido. Y se ha dicho que George Eastman, famoso fabricante de cámaras fotográficas, alcanzó el éxito de la misma manera.

El sexto sentido de la visión creativa se vuelve más confiable cuando lo empleamos más regularmente, justo igual que como pasa con los demás cinco sentidos.

La Visión de Fontainebleau

Todas las personas en la cumbre del éxito tienen algún sistema para condicionar sus mentes a que lleguen y permanezcan en la "luz del éxito." Algunas personas exitosas usan este sistema de acondicionamiento mental, *sin ni siquiera darse cuenta de que lo están haciendo*. Fue la visión creativa lo que llevó a la creación del lujoso Hotel Fontainebleau en Miami Beach.

El hotelero Ben Novack llegó a Miami en 1940 con tan sólo $ 1,800 dólares - ¡y un sueño! Su sueño era crear un hermoso complejo hotelero que fuera famoso en todo el mundo por su confort y la relajación de sus instalaciones.

Haciendo milagros con sus escasos recursos y un desbordado entusiasmo, logró transmitir sus sueños a gente financieramente dispuesta a apoyar su proyecto. De este modo, Novack puso su visión creativa a trabajar y en diciembre del año pasado vio su anhelo hecho realidad, al abrir sus puertas el Hotel Fontainebleau a sus primeros huéspedes.

Clarence Birdseye, siendo un experto trampero en Labrador, en cierta ocasión accidentalmente congeló una pieza de col. Los resultados le sorprendieron al grado que a partir de esa experiencia, se le ocurrió la idea de comercializar la congelación rápida para la conservación de alimentos.

Ponga sus Sueños a Trabajar

¿Ya está logrando que sus sueños trabajen para usted, a través de la visión creativa, igual que lo hicieran Ben Novack y Clarence Birdseye?

Un método muy eficaz de aprovechar el sexto sentido es escribir una descripción clara y concisa del problema que desea resolver, o el objetivo que desea alcanzar. Repita esto varias veces al día como si estuviera rezando una plegaria. La oración debe estar fundamentada en una fe inquebrantable que sea tan definida y fuerte, que lo haga a usted verse a sí mismo ya en posesión de su objetivo deseado.

Si en su primer intento este método no produce los resultados deseados, siga intentando. A cada intento exprese gratitud, como si ya hubiera alcanzado su objetivo, a pesar de que aún no haya entrado en su posesión física.

La llave maestra del éxito radica en su capacidad para tener fe en que lo logrará. Recuerde, lo que su mente puede concebir y creer su mente lo puede lograr.

tículo XVI
Presupueste Su Tiempo y Dinero
Ahorre Tiempo y Gane Dinero

John Wanamaker, el gran magnate del comercio de Filadelfia, dijo una vez: "El hombre que no tiene un sistema fijo para un buen uso de su tiempo y dinero, nunca tendrá seguridad financiera, a menos que tenga un pariente rico que le herede una fortuna."

¡Su tiempo es uno de sus mayores activos! Es el único activo que puede transformarse en cualquier tipo de riqueza que usted elija. Si no lo aprovecha, puede transcurrir toda su vida sin un plan o propósito más allá de conseguir alimentos y refugio.

Si quiere vivir una vida exitosa adecuadamente balanceada, debe implementar un programa sistemático mediante el cual pueda presupuestar su tiempo para aquellos fines que le aseguren el éxito.

El tiempo de una persona promedio se puede dividir en tres partes - una para dormir, una para el trabajo y una para la recreación.

Tiempo Libre Más Vital

Una buena salud exige un mínimo de ocho horas de sueño al día para una persona promedio. Se requiere de otras ocho a diez horas para el trabajo. Esto nos deja de seis a ocho horas al día de tiempo libre, que usted debiera utilizar a su antojo.

Esta es la parte más importante del día, en lo que se refiere a su logro personal. Ya que le brinda la oportunidad de superación y educación, como factores que pueden determinar que sus horas de trabajo se puedan negociar a salarios más altos.

"La persona que usa su tiempo libre exclusivamente para el juego y el placer personal difícilmente alcanzará el éxito en algo."

Su período de sueño es necesario para su salud. Por lo tanto no lo disminuya para nada. Su período de trabajo requiere que todos sus pensamientos y acciones estén enfocados a tareas específicas. Por consiguiente, la única oportunidad que ofrece este valioso tiempo para la superación personal es modificando la calidad y cantidad del servicio que preste.

Su período de tiempo libre es tal y como su nombre lo indica – un momento que puede utilizar en lo que quiera. Durante este tiempo no sólo se puede plantar la semilla de futuras oportunidades, sino también puede inducir a que estas semillas germinen y crezcan como una forma de progreso personal.

Henry Crown un Ejemplo

Henry Crown, un industrial de Chicago, apoyándose en presupuestar prudentemente su tiempo se las ingeniaba para ejecutar una amplia variedad de actividades. No sólo como director del Material Service Corporation, sino también encabezando un consorcio que posee el rascacielo del Empire State.

El tiempo libre también puede emplearse con eficacia, asociándose con compañeros cuidadosamente seleccionados y que pueden inspirarlo y ayudarlo a lograr sus metas.

"Muéstreme los compañeros más cercanos de un hombre," dijo Thomas A. Edison, "y yo le diré qué tipo de persona es ese hombre y a dónde va en la vida."

Su tiempo libre es estrictamente suyo. Si lo valora correctamente, puede utilizarlo para construir amistades que serán de gran valor para usted cuando necesite ayuda. Ese tiempo divídalo en varias partes - una parte para superación personal, otra parte para esparcimiento y descanso, y otra para disfrutarlo en un pasatiempo.

Al tiempo libre se le llama también "un tiempo de oportunidad." Aunque, para muchos signifique más bien "un tiempo de desventura." Lo dicen porque es durante este período que la mayoría de las personas adquieren sus hábitos negativos, que afectan vitalmente su tiempo de trabajo. Entre ellos, el robo de su tiempo de sueño para propósitos que no dejan ningún beneficio.

Presupuestar es Esencial

¿Cómo se debemos presupuestar nuestros ingresos y gastos de dinero? El hombre que es exitoso presupuesta su dinero tan acertadamente como presupuesta su tiempo. Aparta una cantidad definida para alimentos, ropa y gastos de la casa, seguros, ahorros e inversiones, donativos y recreación. La cantidad dedicada a cada concepto dependerá, por supuesto, del cargo de la persona y de su solvencia económica.

Por supuesto, un hombre soltero teóricamente debería ahorrar un porcentaje mucho mayor de sus ingresos que un hombre casado, ya que por lo general tiene un menor número de dependientes. En todo caso, cada persona, sea hombre o mujer, debería ahorrar un porcentaje especifico, incluso aunque no fuera mayor del cinco por ciento

En tiempos de emergencia, incluso, una modesta cuenta bancaria puede respaldarnos y darnos seguridad. En tiempos de prosperidad nos refuerza la confianza en sí mismos y nos ahorra ansiedad. La preocupación por asuntos de dinero puede matar su ambición... ¡e incluso a usted!

Artículo XVII
Manténgase Saludable
Mantenga una Actitud Mental Positiva

Su cerebro es el jefe indiscutible de su cuerpo. Uno de los requisitos más importantes en el desarrollo de una buena salud es mantener una actitud mental positiva. Una actitud mental negativa es un pretexto perfecto para la hipocondría - dolencias imaginarias. Actualmente un alto porcentaje de médicos realiza trabajos en el campo de la "psicosomática."

La buena salud comienza con la conciencia de que es nuestra mejor opción - al igual que la prosperidad financiera comienza con la conciencia de prosperidad.

¿Cómo se puede desarrollar una conciencia de buena salud? Pensando en estar saludable. Hablando en términos de buena salud. Mejorando nuestros hábitos alimenticios y desechando el uso de productos tóxicos.

Su actitud mental afecta a todas las funciones de su cuerpo.

La comida en exceso o la mezcla inadecuada de alimentos puede ser tan mortal como el veneno. Por supuesto, usted debe estar consciente que los factores emocionales como: el miedo, la ansiedad, la ira, los celos, la preocupación y el odio, no combinan con la ingesta de alimentos, ya que pueden ser extremadamente perjudiciales.

Lo Venenoso del Alcohol

El exceso en la ingesta de alcohol o de otras sustancias tóxicas mezcladas con alimentos destruye una parte del valor nutricional de la comida y envenenan al cuerpo. "¿A que le llamaríamos exceso?" eso depende directamente de lo que ingiera de alcohol y de su condición general de salud.

El viejo dicho, "Hay gente que cava sus tumbas con sus propios dientes," no es simple sabiduría. Es verdad lo que afirma. Nuestro cuerpo necesita de todas las vitaminas y minerales esenciales. Inclusive, a veces es preciso añadir suplementos alimenticios y vitaminas en su dieta con el fin de darle a su cuerpo la vitalidad y el vigor necesarios para su lucha diaria en alcanzar sus metas.

Desde su proceso de cultivo, el suelo donde crecen los alimentos saludables, deben contener todos los elementos minerales que se requieren, para dotar al cuerpo de los valores nutricionales esenciales a fin de mantener una buena salud.

Una buena salud requiere de una forma equilibrada de vida, para que el "doctor invisible", que trabaja en el interior del cuerpo día y noche, tenga tiempo de corregir el daño que el individuo hace a su organismo por su negligencia o falta de conocimiento de las reglas de una buena salud.

Los psiquiatras y psicólogos han descubierto que la buena salud depende en gran medida del equilibrio entre los factores del amor, el trabajo y la diversión

El Trabajo y la Diversión

Cualquier profano bien informado sabe que el trabajo se debe equilibrar con una adecuada relajación y diversión para mantenerse saludable. Pero no fue hasta los últimos años que se ha divulgado generalizadamente que el amor y el culto también se deben controlar y equilibrar por el bien de una buena salud. Un hecho que antes solo lo conocían los expertos.

A continuación se muestran algunas reglas generales que le ayudarán a mantenerse saludable:

Contar con un médico competente, en quien usted confíe plenamente, puede ser una buena opción para que le haga una revisión completa al menos una vez al año. Es la persona idónea para detectar y corregir cualquier problema de salud que esté oculto. Repetir a sí mismo la frase de que "goza de muy buena salud" puede reforzar esa confianza más sólidamente que el valor de los honorarios.

Si no está recibiendo todas las vitaminas y minerales necesarios en su dieta regular, consulte entonces a un especialista competente en nutrición, a efecto de que le recomiende el tipo y la cantidad de suplemento alimenticio que necesite.

Apéguese estrictamente a sus recomendaciones. No trate de ser "su propio médico" en cuestión de suplementos alimenticios.

Mantenga su actitud mental bajo control. Siga las demás 16 reglas que se han presentado en esta columna, comenzando con la definición de un propósito, la fe aplicada, el entusiasmo, y el hábito de ir el kilometro extra.

Un cuerpo sano le ayudará a alcanzar la paz mental y la prosperidad financiera.

Artículo XVIII
Deje que sus Hábitos Trabajen por Usted

El Hábito es la Escalera a Una Vida más Rica

Todos sus éxitos y fracasos son el resultado de los hábitos que ha formado. Hay dos tipos de hábitos - los que formamos deliberada y voluntariamente para propósitos definidos, y los que se forman por circunstancias casuales en la vida debido a la falta de una filosofía organizada o plan de trabajo que nos lleve a una vida ordenada.

Estos dos tipos de hábitos operan de forma automática, una vez que han sido adoptadas por el individuo; a ambas las controla directamente la gran ley universal, a la que yo llamo "la fuerza del hábito cósmico."

En mi opinión la fuerza de hábito cósmico es el contralor general a través del cual la naturaleza dirige todas sus leyes. Mediante esta fuerza, se mantiene la relación existente entre los átomos de la materia, las estrellas y los planetas en el cielo, las estaciones del año, la enfermedad y la salud, la vida y la muerte. Y puede ser el medio que permite que el pensamiento se traduzca en su equivalente físico.

Por supuesto, usted ya sabe que la naturaleza mantiene un perfecto equilibrio entre todos los elementos de la materia y la energía en todo el universo, y que esto lo hace de manera sistemática, automática y ordenada. A eso se debe que las estrellas y los planetas se muevan con el tiempo y la precisión perfecta, cada cual manteniendo su propio lugar en el tiempo y el espacio.

También a esto se debe que un roble crezca siempre a partir de una bellota, y que un árbol de pino crezca de la

177

semilla de su antecesor. Y usted bien sabe que la naturaleza
nunca se equivoca y que por ello un árbol de pino nunca crece
de una bellota, ni un árbol de roble de una semilla de un pino.
Hay hechos que son evidentes. Pero, ¿cree usted que
"surgen de la nada" por simple casualidad? – ¡para nada!
¡Algo hace que todo esto suceda! Ese algo es el poder que
corrige los hábitos y los hace permanentes. El hombre es la
única criatura a la que el Creador le permite el privilegio de
fijar sus propios hábitos para satisfacer sus propios deseos.

¡Todos nosotros nos regimos por los hábitos! Nuestros
hábitos están fijos en nosotros por la repetición de nuestros
pensamientos y actos. Por lo tanto, podemos controlar nuestro
destino terrenal y nuestra forma de vida en la medida en que
controlemos nuestros pensamientos. Debemos orientarlos para
que formen el tipo de hábitos que sirva como nuestra hoja de
ruta para guiar nuestras vidas. Los buenos hábitos, que
conducen al éxito, los podemos desarrollar y utilizar cualquier
persona. Los malos hábitos los podemos desechar y
sustituirlos por los buenos, voluntariamente por decisión
propia de cualquier persona.

El Hombre Tiene el Control

Los hábitos de todos los seres vivos, excepto el hombre se
fijan por lo que llamamos "instinto". Esto los coloca con
limitaciones de la que no pueden escapar.

El Creador no sólo le dio al hombre el completo control
sobre el poder de sus pensamientos, sino que con este don le
concedió también la forma de poseer el poder de sus
pensamientos y orientarlos hacia cualquier fin deseado.

El Creador dotó también al hombre con el privilegio de
que sus pensamientos pudieran transformarse en su
equivalente físico.

Aquí, entonces, surge una profunda verdad. Con este
poder usted puede abrir las puertas a la sabiduría y vivir una
vida ordenada, y ser capaz de controlar los factores necesarios
para el éxito.

Las recompensas disponibles para la persona que toma
posesión de su propio poder mental y lo dirige a determinados

fines de su propia elección son incontables e ilimitadas. Sin embargo, las sanciones por no hacerlo son de igual proporción.

No Hay Milagros Fabricados

La fuerza del Hábito Cósmico no hace milagros, ni intenta crear algo de la nada, ni indica qué camino cualquier persona deba seguir. Pero sí ayuda al individuo - o mejor dicho, lo obliga - para que proceda natural y lógicamente y convierta sus pensamientos en su equivalente físico, usando los medios naturales que están disponibles para él, y que tienen que ver con su forma de pensar.

Cuando usted comienza a reorganizar sus hábitos y construye otras nuevas, comienza con el hábito del éxito. Súbase en la "luz del éxito", concentrando sus pensamientos diarios sobre todo aquello que más desee. A su debido tiempo, estos nuevos hábitos de pensamiento lo conducirán inevitablemente a la fama y fortuna.

"Lo que la mente puede concebir y creer, la mente lo puede Lograr."

Napoleon Hill

Para mayor información acerca de Napoleón Hill y productos
disponibles, favor de contactar en las siguientes direcciones:

Centro Mundial de Enseñanza Napoleón Hill
Purdue University Calumet
2300 173rd Street
Hammond, Indiana 46323-2094

Judith Williamson, Directora
Uriel "Chino" Martinez, Asistente y Diseñador Gráfico

Teléfono: 219-989-3173 o 219-989-3166
Email: nhf@purduecal.edu

Fundación Napoleón Hill
Universidad de Virginia – Wise
College Relations Apt. C1 College Avenue
Wise, Virginia 24293

Don Green, Director Ejecutivo
Annedia Sturgill, Asistente Ejecutiva

Teléfono: 276-328-6700
Email: napoleonhill@uvawise.edu

Sitio web: www.naphill.org